Niurka Gómez & Nathaly Gerbino

EL NEGOCIO
DETRÁS DE LA
Belleza

Cómo crear un negocio de estética rentable

MEDILIGHT

©EL NEGOCIO DETRÁS DE LA BELLEZA

©Niurka Gómez y Nathaly Gerbino

ISBN: 9798397089869

Dirección editorial: Niurka Gómez

Primera edición: Junio 2023

Todos los derechos reservados. Bajo las sanciones establecidas en las leyes, queda rigurosamente prohibida, sin autorización escrita de los titulares de *copyright*, la reproducción total o parcial de esta obra por cualquier medio o procedimiento, sea electrónico, mecánico, fotocopia, por grabación u otros, así como la distribución de ejemplares mediante alquiler o préstamos públicos.

"La estética con ética siempre tendrá un futuro brillante y lleno de satisfacciones"

Nathaly Gerbino

MEDILIGHT

ÍNDICE

Agradecimiento 11
Dedicatoria.. 13
Prólogo.. 15
Introducción... 19
CAPÍTULO I... 23
    ¿Cuál es el *mindset* para empezar un nuevo negocio?.......... 23
    El *checklist* del emprendedor 25
    Liderazgo emprendedor 27
    Gerencia y administración inteligentes 29
    Claves y estrategias para gerenciar un *spa* 30
    Define y cumple tu plan de negocio................................... 30
    Controla tus ingresos, egresos e inventario 31
    Elabora un plan de *marketing* y hazle seguimiento............ 31
    Invierte y cuida tu capital humano.................................... 32
    Haz un seguimiento: apóyate en herramientas digitales ... 32
    Finanzas y contabilidad: el corazón de tu negocio 33
    Tips de oro 38
CAPÍTULO II.. 41
    Estableciendo tu negocio 42
    Escogiendo tu negocio: ¿*spa* o *medspa*? 46
    Spa o centro de estética:.. 47
    Medspa 48
    Tipos de empresa en EE.UU... 50

  Protege tu privacidad al establecer tu negocio................... 54
  Ubicación: el punto clave para el éxito del negocio........... 55
  Definiendo tu plano o *layout* *57*
  El espacio y la distribución (*layout*) 57
  Nuestros *tips* para amoblar y decorar................................... 59
  Orden y limpieza... 60
  Adecuando tu cabina o sala de procedimientos................. 60
  Iluminación.. 61
  Camillas... 61

CAPÍTULO III 65
  Comportamientos más comunes de pacientes de *spa* 73
  Evaluación facial en siete pasos, la clave de tu negocio....... 76
  La recurrencia es el secreto del éxito. 78
  Analizando a la competencia.. 79

CAPÍTULO IV 83
  Plataformas, redes y aplicaciones... 84
  Software de manejo de *spa*:... 84
  Hablemos de plataformas de *marketing* 85
  Creación de Contenido: 87
  Aplicaciones para manejo de redes sociales 87
  El boca a boca (*word of mouth*) 88
  Importancia del presupuesto de *marketing*........................ 90
  Promociones.. 92
  Marketing de *influencers*, celebridades y *microinfluencers* ... 93
  Reseñas (*reviews*) 94

CAPÍTULO V.. 99
  Rutina de día... 102
  Rutina de noche.. 104

Recomendaciones de productos de cuidado en casa
según la edad de tu paciente 106
   20 años 106
   30 años 107
   40 años 109
   50 años 110
Recomendaciones de productos para cuidados en casa
según la edad de la Línea Nu Skin® 112
   20 años: Productos para el cuidado en casa 112
   30 años: Productos para el cuidado en casa 113
   40 años: Productos para el cuidado en casa 114
   50 años: Productos para el cuidado en casa 116
Mis esenciales de la línea de Nuskin, que nunca faltan
en las casas de mis pacientes 117

CAPÍTULO VI 121
   Sobre Medilight Academy 121
   Las autoras 126
   Apéndices 129
   Cursos Medilight Academy 129
   Fibroblast Plasma Pen 129
   Técnicas de rejuvenecimiento facial 130
   Especialización en técnicas faciales 130
   Radiofrecuencia facial 130
   Todo sobre el *peeling* *130*
   Especialización en HIFU 131
   Plasma rico en plaquetas para esteticistas 131
   Microneedling (dermapen) 131
   Micro Infusión 131

Agradecimiento

Queridos lectores,

Agradecer es nuestro mantra diario, y damos gracias a Dios por tanto amor y permitirnos utilizar nuestros dones y talentos en pro de un mundo mejor.

Agradecemos a esta hermosa comunidad de expertos y expertas de belleza que nos inspiran cada día con sus historias, con su amor por la estética y por sus ganas de ser artistas de la piel, este talento les lleva a dar confianza y autoestima a cada paciente que pasa por sus cabinas, que viene con ganas de verse mejor.

A nuestro Team Medilight, han hecho nuestra vida llena de aprendizajes, alegrías y sobre todo nos hacen ser mejores personas cada día.

A nuestros pacientes, nuestro mejor indicador de que lo estamos haciendo bien, en pro de su bienestar, por su *feed back*, por su fidelidad y por su amor.

A nuestros Embajadores Medilight, ustedes nos han ayudado a llevar la marca a otro nivel, sus recomendaciones y validación de resultados, le dan confianza a nuestros pacientes, y ellos desean tener un rostro Medilight.

A todas las personas que han contribuido a hacer posible este libro. A los expertos y profesionales en el campo de la estética, cuyo conocimiento y experiencia han enriquecido estas páginas con su sabiduría. Sus aportes han sido invaluables para brindar una perspectiva completa y diversa sobre este fascinante tema.

A nuestros seres queridos y amigos por su apoyo incondicional en este camino de negocios y emprendimiento. Su aliento y amor han sido nuestra fuente de inspiración para explorar nuevos horizontes en la estética y para transmitir ese entusiasmo a través de estas palabras.

A ti amigo lector, agradecemos tu confianza, por sumergirte en este viaje fascinante de vivir la estética como tu vía de generar ingresos. Esperamos que este libro despierte en ustedes una apreciación renovada por el negocio de la estética, y que les brinde herramientas y conocimientos para emprender o mejorar su emprendimiento.

Con gratitud y admiración,

Niurka y Nathaly

Dedicatoria

Dedicamos este libro a aquellos que se atreven a desafiar el *status* quo, a los soñadores incansables que ven posibilidades donde otros sólo ven obstáculos. A los valientes que se levantan después de cada caída, con el coraje y la determinación de seguir adelante.

Niurka y Nathaly

Prólogo
La belleza de tener un gran negocio.

En la multifacética ciudad de Miami, donde convergen culturas vibrantes y los sueños de inmigrantes alzan vuelo, dos valientes y decididas emprendedoras venezolanas, Nathaly y Niurka, arrancaron una aventura transformadora que hoy contribuye a dar forma al éxito de la industria de la belleza en el Sur de la Florida. Su *medspa*, Medilight Center, se ha convertido en poco tiempo, en un emblema del éxito e innovación en Miami y con esa experiencia vivida están ya listas para iluminar el camino de los futuros emprendedores de la belleza estética a través de este libro, *"El Negocio detrás de la Belleza"*.

Como su consultor de negocios, he tenido el privilegio de trabajar de cerca con Nathaly y Niurka, y puedo atestiguar su talento, pasión y potencial para alcanzar lo imposible. Ambas anhelan cumplir el sueño americano en Estados Unidos, y han demostrado una determinación y perseverancia admirables en su camino hacia él.

Entre las líneas de este libro, descubrirás un tesoro de conocimientos muy útiles y prácticos, pulidos a través del duro trabajo y acertados pivotes nacidos del rumbo decidido de Nathaly y Niurka. Sus consejos directos y al grano te guiarán a través del laberinto de decisiones estratégicas e intrincados detalles operativos que enfrentarás en tu emprendimiento de belleza, proporcionándote las herramientas necesarias para navegar el complejo mundo de emprender con un *medspa* en este gran país.

Desde el nacimiento de una idea hasta el inicio de una empresa próspera, este libro aclara el proceso de elaborar una sólida estrategia de negocios que siente las bases para un crecimiento sostenible y continuo. Nathaly y Niurka comparten su experiencia en inteligencia de mercado, pronóstico financiero, excelencia operativa y estrategias de marketing efectivas, empoderándote para tomar decisiones informadas y establecer una base sólida desde tu arranque.

Nathaly y Niurka revelan los detalles de seleccionar y nutrir a un equipo talentoso, forjar alianzas y aprovechar la tecnología de vanguardia para elevar la experiencia del Cliente en un *medspa*. Más importante aún, destacan la necesidad de construir una marca que conecte con los clientes, fomentar la confianza, credibilidad y brindar un servicio excepcional basado en profundo conocimiento técnico que supere las expectativas de este duro mercado.

Con una voz comprensiva, Nathaly y Niurka abordan también los desafíos únicos que enfrentan los emprendedores inmigrantes proporcionando orientación sobre cómo superar barreras culturales, acceder a oportunidades de financiamiento y navegar por la complejidad del cumplimiento normativo de la Florida.

Pero este libro va más allá de ser un compendio de estrategias e ideas; es un testimonio del espíritu humano, de las ganas de ganar y de las notables posibilidades que se nos abren cuando la pasión se junta con la experiencia. Nathaly y Niurka te invitan a unirte a su comunidad, una red de individuos afines unidos en la búsqueda de la excelencia empresarial.

A través de *"El Negocio detrás de la Belleza"*, estas valientes emprendedoras te ofrecen una mano guía, un mapa trazado con lecciones aprendidas y victorias celebradas. Te instan a abrazar el poder transformador del emprendimiento, a dar ese audaz salto de fe y a dejar una huella indeleble en la industria de *medspa* del primer mundo.

Que comience el viaje. Abre tu mente y emprende una odisea de crecimiento, plenitud y belleza. Con Nathaly y Niurka a tu lado, te aguardan las inmensas posibilidades potenciar tu propio yo.

¡Suerte en lo que hagas!

Cesar Prato
Business Transformer
IG: @realcesarprato

Introducción

Habla Niurka...

Antes de empezar, te contaremos cómo comenzó nuestra historia. Nathaly y yo nos conocimos en el año 2018 en Miami. Ella se dedicó al negocio de la belleza desde muy joven y, siendo una veinteañera con estudios de medicina, fundó en Caracas, Medilight Center, un concepto integral de *medspa*, el cual contó con un equipo multidisciplinario que brinda servicios innovadores.

Yo, por mi parte, me he desempeñado en 25 años de carrera profesional en el área del *marketing*, los negocios y el manejo de talentos. Conocí a Nathaly por la recomendación de una gran amiga a quien estaba ayudando a hacer nuevas conexiones. Me dijo que era una esteticista venezolana muy destacada y que había llegado recientemente a Miami. Le pedí una cita.

Una tarde, con su tono de voz dulce y sus manos de trato amable, Nathaly me explicó y me hizo el facial más maravilloso que me habían realizado en toda mi vida. Me describió cada paso y me recomendó otros tratamientos. Había ido más allá de lo convencional. Ese día nació una relación de amistad. Nathy me ayudó a tratar la piel de los talentos que manejaba en ese momento, es decir, personas que estaban constantemente en TV y entrevistas, y que requerían lucir radiantes. El cambio que vieron fue increíble.

La seguí a todas las cabinas a las que se mudaba, la apoyaba y hacía porras por ella. En ese tiempo, transitó al menos cuatro cabinas en diferentes *spas* de la ciudad y viajaba cada dos semanas a Nueva York, Orlando y Dallas para atender a pacientes emigrados de Venezuela que añoraban sus protocolos.

Cada vez que nos veíamos, Nathaly me contaba su sueño de montar su propio *spa* en Estados Unidos. Mientras estaba en la camilla haciendo mi tratamiento, le pregunté: Nathy, ¿qué se necesita para montar tu *medspa*? Ella siempre me contaba entusiasmada la lista de tareas, licencias e insumos necesarios. Por mi parte, con los ojos cerrados por la mascarilla o el vapor, le ayudaba a organizar las ideas, a darles forma y a visionar cómo lo imaginaba. Mientras le plantaba la intención de su sueño, nacía una sociedad que se daría tiempo después.

Justo cuando se levantó la cuarentena por la COVID-19 en mayo de 2020, su agenda estaba a reventar. El *lobby* del *spa* donde trabajaba se encontraba abarrotado de clientes. Cuando me tocó mi turno, le pregunté: "¿Por qué tanta gente, Nathy?". Me respondió que habían venido sus pacientes de todas partes y que no se daba abasto.

—Llegó el momento de abrir Medilight en Miami. ¿Quieres ser mi socia? —agregó.

Quedé en *shock*. Le dije: "Déjame pensarlo. Mañana te doy una respuesta".

Me fui con la idea en la cabeza.

Debo confesar que soy una *heavy user* de los servicios de estética. Además, desde los 30 años de edad he estado inmersa en la industria de la belleza, bien sea en la distribución de productos, bien sea manejando el *marketing*. Esa experiencia de años me ha dado la visión de que es una industria en franco crecimiento.

Sin pensarlo mucho, ese día, en esa cabina, haciéndome un facial, nació Medilight Miami.

Decidimos escribir este libro para contribuir a esta comunidad maravillosa de hombres y mujeres que han decidido embarcarse en esta hermosa aventura en la industria de la belleza. Si eres esteticista, cosmetólogo, enfermero o médico y quieres ir más allá, te llevaremos de la mano en un paso a paso por el camino de todo aquello que necesitas saber para emprender tu propio negocio de cabina, *spa* o *medspa* en EE.UU.

Basándonos en nuestros conocimientos y experiencia de más de 20 años en la industria de la belleza en ese país y siendo las orgullosas fundadoras de Medilight Center y Medilight Academy, Nathaly y yo hemos concebido este libro como un método en el que tocamos todas las variables necesarias (para nosotras), a fin de que minimices en lo posible el riesgo y disminuyas dificultades o demoras en el establecimiento de tu negocio. Te ofrecemos herramientas y datos prácticos para ese *mindset* del emprendedor, selección del tipo de negocio, permisos y regulaciones, ubicación e insumos, pasando por el análisis del cliente y la competencia, hasta claves de finanzas, *marketing* y negocios, entre otras ideas. Y lo mejor: la experiencia de haber transitado ya por todos los aspectos que estarás atravesando muy pronto para abrir tu propio *spa*.

Un prometedor mercado está ahí fuera esperando ser conquistado, así que vamos.

¡Iniciemos la marcha del *Negocio detrás de la belleza!*

"La estética no para de avanzar y tú no puedes parar de aprender y de innovar"

Niurka Gómez

MEDILIGHT

CAPÍTULO I
¿Estás listo para ser el dueño de tu negocio?

S i estás pensando en emprender dentro del mundo de la belleza y la estética, y te encuentras en la búsqueda de la orientación o el empujón que necesitas para iniciar esta apasionante ruta, es importante que hablemos (antes de dar el primer gran paso hacia el negocio propio —al que dedicarás gran parte de tus energías y recursos futuros—) de la mentalidad requerida para enfrentar los retos, desafíos y conflictos, y de qué manera canalizamos el miedo y la incertidumbre que es lo primero que aflora en el emprendedor. Si no los sabemos gestionar correctamente, puede afectar nuestra percepción del negocio y de nosotros mismos, a la vez que perjudica nuestra salud física y mental. Empecemos entonces a crear un *mindset* que te permita llegar a tus metas.

¿Cuál es el *mindset* para empezar un nuevo negocio?

Cuenta el escritor español Albert Espinosa que siendo él muy joven, un anciano le dijo una frase que quedó grabada en su mente: "Los miedos son dudas no resueltas". Detrás de esa afirmación, se expresa un metamensaje muy poderoso, y es que al miedo hay que comprenderlo, racionalizarlo y equilibrarlo. A mí me gusta decir que hay que abrazarlo y conversar con él porque el miedo es un amigo que nos acompaña a lo largo de nuestra vida, que nos alerta, y activa nuestros mecanismos de supervivencia.

Todo emprendedor tiene miedo al fracaso y ¡no es para menos! ¿Quién quiere fracasar? Mi socia y yo lo sentimos varias veces en nuestros comienzos… ¡Qué desagradable es sentirse presa del miedo! No te creas, de vez en cuando lo sentimos aún, pero ahora lo manejamos de manera diferente.

El miedo juega en nuestra contra cuando no lo fundamentamos, no lo aclaramos, no lo podemos explicar ni desgranar y se convierte simplemente en una emoción irracional y absurda que nos domina. Ahí es cuando se transforma en una barrera mental que nos inmoviliza. Lógicamente, en esas circunstancias no se puede tomar una decisión razonable y libre de dudas, sea afirmativa o negativa; aquella que realmente implique un avance personal o profesional y que dé tranquilidad a tu espíritu.

Volviendo a la frase que compartimos al principio, considero que una herramienta valiosa para enfrentar el miedo (esas dudas no resueltas) es preguntarte a ti mismo y preguntar a quien esté realmente capacitado para responderte. Como emprendedor, averigua, averigua y averigua más en búsqueda de las respuestas correctas.

- ¿Qué es lo que me produce miedo? ¿Es real o irreal? ¿Cuán probable es que suceda lo que me da miedo? ¿Hay un plan B?
- Además de encarar el miedo, debes formular, en lo posible, interrogantes inteligentes o poderosas que inciten a la reflexión, a que seas consciente de uno o varios aspectos determinados sobre tu posible negocio (permisos, legalidad, producto, asesoramiento, financiamiento, etc.), teniendo presente el objetivo que persigues y tu situación actual.
- Las respuestas (sí o no) deben llevarte al aprendizaje, al conocimiento, a aclarar y reducir el riesgo al que te enfrentas,

a evitar problemas y, en consecuencia, a tomar una decisión fundamentada y racional.

Ya el miedo no será ese territorio desconocido y oscuro que te domina y que, de entrada, paraliza a muchos emprendedores sin haber hecho siquiera el menor intento para comprenderlo. Se quedan así, con la eterna incógnita de si tomaron la decisión correcta, pues no dedicaron el tiempo para basarla en la realidad y sus probabilidades. En otras palabras, no se sometieron al miedo con conocimiento.

El *checklist* del emprendedor

Uno de los mecanismos que nos ayuda a dialogar con el miedo es poner los pies en la tierra y llamar a las cosas por su nombre. Por eso, te hablaré desde mi experiencia. Confieso que aún en la mejor posición y en un país organizado como EE.UU., emprender es un reto diario que puede llevarnos a bordear el límite de querer lanzar todo por el desagüe y a preguntarnos, como hice yo una vez: ¿qué hago yo aquí, por qué me metí en esto? Por ello, aun habiendo superado y racionalizado el miedo, el músculo esencial para perseverar y resistir es nuestra programación mental o *mindset*. Sin una mentalidad adecuada, difícilmente podremos crecer de forma profesional como empresarios y ganar en la prueba.

Es el momento, entonces, de hacer un ejercicio de autorreflexión o diálogo íntimo para visualizar de manera más clara nuestras emociones, personalidad, fortalezas y debilidades. Para ayudarte, hemos preparado una lista que contribuirá a que definas tus habilidades y conocimientos a través de una respuesta sincera contigo mismo.

Antes de comenzar, es muy importante que tengas presente que no todos nacimos con los atributos para ser un emprendedor. Eso no es motivo para desanimarse. Muchos hemos tenido que hacer carrera, cursos o talleres adicionales y probar métodos tan variados como el *ikigai* (razón esencial e impulso de vida), creatividad e innovación, administración del tiempo, gerencia, recursos humanos, mercadeo, finanzas básicas, entre otros.

Revisa este *checklist* del emprendedor y marca tus cualidades o agrega otras que consideres que contribuirán a tu desempeño.

- Creo en mí y en mis sueños.
- Tengo el entusiasmo y la energía para emprender. Soy proactivo.
- Estoy dispuesto al aprendizaje y a la actualización constante.
- Estoy claro en mis objetivos y tengo el firme propósito de emprender en lo que me apasiona.
- Soy una persona organizada: administro bien el tiempo.
- Soy creativo e innovador. Puedo aportar nuevos valores a mi negocio, pues tengo experiencia o conocimientos sobre él.
- Tengo habilidades gerenciales, comunicacionales y sociales para dirigir, trabajar en equipo o crear alianzas.
- No me frustro con facilidad y estoy dispuesto a tomar el camino de la constancia y el largo plazo.
- Me enfoco en resolver los problemas. Estoy consciente de que pueden surgir situaciones de todo tipo y con cualquier persona: proveedores, clientes, trabajadores, socios, etc., por lo que soy capaz de plantear soluciones y planes de acción.
- Estoy preparado para ser mi propio jefe, listo para tomar decisiones, asumir responsabilidades y sus consecuencias.

- Sé que mi negocio responde a necesidades específicas y crecientes de potenciales clientes, a quienes puedo satisfacer mediante un servicio con valor agregado que me diferencie de la competencia.
- Tengo o puedo obtener el dinero para invertir y comenzar mi emprendimiento.
- Practico la oración o la meditación.

Un emprendedor es aquel que tiene la decisión y la iniciativa para realizar acciones complejas, a fin de materializar una idea que le apasiona y tanto asumiendo el riesgo como sus resultados; todo lo anterior, como hemos dicho, debe estar sustentado por una consistente programación mental o *mindset,* y por estudios o conocimientos. La idea es que también descubras si hay capacidades que debes desarrollar o reforzar con miras a construir una base más sólida en el lanzamiento de tu negocio. Este es el momento para hacerlo sin perder tiempo. Para aquellos déficits, traza planes de acción, con la finalidad de transformarlos en ventajas. A medida que sumes al listado anterior más cualidades como emprendedor, en esa misma medida tendrás más posibilidades de empezar tu proyecto con buen pie, alcanzar el éxito y poseer un negocio rentable.

Liderazgo emprendedor

El liderazgo es una habilidad crítica para cualquier emprendedor, ya que tiene un impacto directo en el éxito o fracaso de un negocio. Ser líder nos permite ir más allá, avanzar y crecer. Sólo entendiendo esta habilidad, concientizamos la importancia de cultivar, trabajar y desarrollarla a través del tiempo.

A continuación, te presentamos las razones por las que es importante el liderazgo al emprender:

1. Tomar decisiones: los líderes eficientes tienen la capacidad de tomar decisiones con base en la información y que estas sean precisas en situaciones complejas. Los emprendedores tomamos decisiones críticas en todas las áreas de nuestros negocios, desde la estrategia de ventas hasta la contratación de empleados, y necesitamos habilidades de liderazgo para tomar las decisiones correctas.

2. Inspiración: los líderes eficientes son capaces de inspirar y motivar a su equipo para que den lo mejor de sí mismos. Los emprendedores necesitamos inspirar a nuestros equipos para lograr los objetivos del negocio y mantener la moral alta en momentos difíciles.

3. Gestión del cambio: los líderes somos responsables de dirigir y manejar el cambio dentro de la organización. En un entorno empresarial en constante evolución, es esencial que los emprendedores tengamos habilidades de liderazgo para guiar a nuestros equipos a través de cambios importantes.

4. Comunicación: la comunicación es un componente clave del liderazgo efectivo. Los líderes deben ser capaces de comunicarse claramente con su equipo y establecer expectativas claras y objetivos para el negocio. Los emprendedores necesitan habilidades de comunicación, con la finalidad de mantener a su equipo enfocado y en la misma página.

5. Resolución de conflictos: los líderes eficientes tenemos la capacidad de resolver conflictos de manera constructiva y equitativa. Los emprendedores desarrollamos habilidades de liderazgo para manejar conflictos dentro de nuestros equipos y garantizar un ambiente de trabajo saludable.

En resumen, el liderazgo es básico para el éxito de nuestros emprendimientos.

Los emprendedores necesitamos habilidades de liderazgo para tomar decisiones con base en la información, inspirar y motivar a nuestros equipos, gestionar el cambio, comunicarnos de manera efectiva y resolver conflictos constructivamente.

Desde ahí, todo avanza en pro del negocio y evitamos que las emociones se interpongan en el manejo de este. Te invitamos a formarte y a desarrollar el mayor potencial de tu liderazgo.

Gerencia y administración inteligentes

Los principios al administrar y dirigir un negocio de estética suelen ser los mismos que en cualquier otro negocio: planificación estratégica, establecimiento del capital y de gastos fijos y variables, elaboración del plan de *marketing*, fijar prioridades de acuerdo al modelo de negocio, entre otros. En todo caso, gerenciar y administrar un negocio requiere actividades que son sustanciales para llevar a cabo la operación con la menor cantidad de inconvenientes posibles.

En ese sentido, existen ciertos aspectos o elementos que son vitales al administrar: ya sea que vayas a empezar tu propia estética de cero, ya sea que vayas a conducir un negocio que está establecido o que pretendan fijar objetivos más ambiciosos, hay claves que no pueden dejarse de lado cuando hablamos de gerencia y de administración de un negocio. En primer lugar, es indispensable que el negocio cuente con una planificación estratégica previa en la que los socios o fundadores detallen todos los componentes de la cadena de valor de este (actividades primarias y actividades de soporte), así como fijar los costos, el capital disponible, establecer objetivos, definir la misión, la visión y los valores y, por supuesto, determinar un plan de *marketing*. Así, antes de poner en marcha tu negocio, debes tener estos aspectos previamente definidos y organizados. Las estéticas son un tipo de negocio que requiere suma atención en cuanto a la gerencia y a la administración, pues si estos son descuidados, pueden generar muchas pérdidas para sus socios o dueños. La naturaleza de la operación de este tipo de negocio hace que sean más propensos a tener fluctuaciones negativas en su flujo de caja, puesto que pueden suceder grandes pérdidas por falta de control de inventario, errores del personal encargado y, por supuesto, por una mala evaluación de costos o por no innovar lo suficiente en el mercado.

Claves y estrategias para gerenciar un *spa*

Como te hemos indicado, administrar un *spa* es una tarea que amerita habilidades tanto de gerencia como para poder manejar una operación de manera eficiente, pero reduciendo al máximo los cuellos de botella y otras interferencias. En líneas generales, bien sea que vayas a empezar este negocio, bien sea que vayas a asumir la gerencia de uno ya existente, es importante que puedas monitorear ciertos aspectos fundamentales:

Define y cumple tu plan de negocio

Elaborar un plan de negocio es, quizás, una de las tareas más importantes en todo negocio. Un plan de negocio incluye los objetivos de este, así como las estrategias para conseguirlos. De igual manera, el plan abarca cómo será la estructura organizacional de la empresa, el capital de inversión necesario, la definición de los productos o servicios por ofrecer, la definición del público objetivo, el mapeo de competidores y los recursos imprescindibles, detallados, para ejecutar la operación.

Controla tus ingresos, egresos e inventario

Una clave esencial para administrar o gerenciar un *spa* es cuidar al máximo el flujo de caja y el capital disponible. En ese sentido, es importante no solo definir cuáles son los egresos y los costos, sino también los materiales de inventario imprescindibles para ejecutar la operación. Los *spas*, dependiendo del tamaño, son un tipo de negocio que requieren una inversión mes a mes, puesto que necesitan de diferentes productos para el cumplimiento de los servicios ofrecidos. De igual manera, el personal y la infraestructura significan otro de los principales gastos y una parte sustancial dentro de la cadena de valor. En ese sentido, asegúrate de elaborar un estudio de mercado para fijar los precios más competitivos de acuerdo con tus objetivos y, así, proyectar tus ingresos y planificar cuáles serán los gastos que debas hacer a corto, mediano y largo plazo.

Elabora un plan de *marketing* y hazle seguimiento

El *marketing* es una herramienta esencial para este tipo de negocio. Si bien los *spas* presentan buenas oportunidades en el mercado, es fundamental poder diferenciarse dentro del gran número de competidores que existen en este nicho. En ese sentido, además del plan estratégico y la definición de los ingresos y egresos, el plan de *marketing* debe estar acorde con estos puntos y fijar sus propios objetivos con base en las expectativas reales de sus socios o dueños.

Un buen plan de *marketing* cuenta no sólo con objetivos bien definidos, sino también con estrategias que permitan cumplirlos. Por otro lado, es muy importante que los objetivos por fijar sean medibles y alcanzables según las condiciones reales del negocio. Del mismo modo, es indispensable incluir estrategias de *marketing* en el área digital (tanto en redes sociales como en correo electrónico), puesto que son medios sumamente eficientes para darnos a conocer como negocio.

Invierte y cuida tu capital humano

Dado que las estéticas son un tipo de negocio de servicios, es imprescindible que la gestión del capital humano sea un área prioritaria. Sin embargo, escoger el personal mejor capacitado es solo la primera parte de esta laboriosa tarea.

Gerenciar o administrar una estética implica, pues, que existan estrategias para captar y cuidar al personal y, así, garantizar el mejor servicio.

De esta manera, debes tener claras las habilidades y aptitudes que buscas en tu personal, así como establecer estrategias que te lleven a gestionarlo eficientemente, como invertir en su formación profesional, establecer incentivos para su trabajo, tomar iniciativas de *marketing* interno que les permitan sentirse conectados con la empresa, entre otros.

Haz un seguimiento: apóyate en herramientas digitales

Es clave que supervises todas y cada una de las actividades que se ejecutan en tu *spa*, es decir, aquellas que comprometan tu operación y estabilidad financiera. Para ello, existen diferentes herramientas que puedes utilizar: además de contar con un equipo comprometido con el mismo objetivo, hay *softwares* que puedes personalizar para tu estética y, así, llevar el control de todos los aspectos esenciales.

Este tipo de herramientas tecnológicas te ayudan a tener, por ejemplo, un control de los ingresos, egresos y del inventario, y cuentan con la funcionalidad de almacenar y centralizar información de tus clientes que te sirva, bien para elaborar campañas de *marketing*, bien para planificar actividades en el futuro. En el capítulo de *marketing* ahondaremos en estas herramientas.

Finanzas y contabilidad: el corazón de tu negocio

De entrada, te vamos a dar una recomendación que nos hubiera gustado recibir oportunamente y que nos habría ahorrado tiempo de desgaste y horas de malas interpretaciones.

Las finanzas son las que van a definir la rentabilidad de tu negocio, y la persona responsable de tu negocio eres TÚ. Sencillo, ¿verdad? Bueno, no tanto. Esto implica que necesitas educarte en esa área tan vital para el éxito de tu emprendimiento.

El manejo de los ingresos y la administración son tan retadores como para armar el negocio. Ahora tendrás responsabilidades y es necesario que organices tanto las compras como los pagos para evitar que se atrasen. Evita comentarios negativos sobre tu manejo administrativo; por el contrario, sé puntual y exacto en tus pagos.

Arma un cuadro e incluye pagos, compras y ahorro que te ayuden a tener claridad de tu panorama financiero semanal o quincenal.

Para llevar a cabo la parte contable es recomendable educarte y contar con los servicios de un profesional externo, bien sea un contador (*Certified Public Accountant, CPA*) o un tenedor de libros (*bookkeeper*). Ahora puedes preguntarte: ¿para qué capacitarme si tengo que contratar a un contador? Pues, déjame decirte que, a pesar de sus conocimientos profesionales, los contadores no conocen tu negocio como tú, y eso hace una muy grande e importante diferencia.

Nosotras, al igual que muchos emprendedores, nos enfocamos en la operatividad del negocio y no nos involucramos en el registro de los gastos, de los ingresos ni demás partidas que reflejan los movimientos del dinero en toda empresa, sino que le dejábamos esa responsabilidad al contador. Cuando veíamos nuestros estados financieros, sentíamos que no reflejaban lo que nosotras considerábamos que era la realidad del *spa*, la que vivíamos día a día, y esto nos generaba frustración e incredulidad.

Afortunadamente, por fin recibimos una gran lección que nos abrió el entendimiento: los responsables de las finanzas de su negocio son ustedes, que son quienes lo conocen en detalle, no el contador, nos dijo nuestro consultor de negocios.

Lo que queremos compartir contigo es que no se trata de que el profesional externo esté más o menos preparado; tú, como conocedor de tu negocio, debes darle la información correcta y completa para que hagan el registro efectivo y real de los activos y pasivos de tu empresa, y para ello debes formarte y meterte de lleno en el corazón de tu negocio, sobre todo si estás empezando. De esta manera, la interacción entre ambos, el servicio externo y tú, será más productiva y favorable a tu emprendimiento. Además, viendo la realidad, la mayoría de los que comienzan una empresa pequeña por primera vez no pueden pagar un profesional que les lleve la contabilidad, lo cual hace inevitable su formación en finanzas básicas si quieren que su negocio sea formal.

En Medilight usamos un *software* para nuestra contabilidad. Se llama Quickbooks Online y es un sistema de contabilidad electrónica para pequeñas y medianas empresas. Es una gran herramienta que te ayuda a hacer tu propia contabilidad de manera automática, bien sea mensual, trimestral o semestral, como quieras. Te permite que seas tú, como conocedor de tu negocio, el que categorice tus diferentes compras o gastos y demás conceptos contables para tus estados financieros. Esto puede contribuir a que decidas si quieres tener un tenedor de libros o *bookkeeper*.

En nuestro caso, no lo sustituye, pero nos ayuda a estar involucradas en la organización de nuestros estados financieros, saber qué va en cada partida y, así, poder medir nuestro negocio.

Recuerda siempre: LO QUE NO SE MIDE, NO SE PUEDE MEJORAR.

Pero para ello debes entender y manejar la terminología, los conceptos y los razonamientos detrás del sistema de control, registro y de las demás operaciones económicas. En consecuencia, te invitamos a que te capacites a través de tutoriales de contabilidad pagos o gratuitos que están disponibles en internet y en el uso de Quickbooks Online u otra aplicación.

Asumiendo que has aceptado ese compromiso, vamos a hacer un breve y superficial repaso de algunos de los conceptos básicos que debes manejar:

- *Costos fijos o variables*: en otras palabras, estos son los gastos que tanto nos asustan y que, por esa misma razón, debes tenerlos bien identificados y controlados. Lo componen dos conceptos:

    a) Costo fijos: aquellos que son obligatorios y que no dependen del nivel de trabajo del *spa*, por ejemplo: alquiler del local, servicios de electricidad, agua, aseo urbano, teléfono, etc.

    b) Costos variables: son aquellos que tienen que ver con la administración y la prestación de los servicios del *spa*: insumos, sueldos o nómina del personal en el cual debes incluir tu salario, impuestos, comisiones bancarias, seguro, publicidad, mantenimiento de los aparatos, etc. Dentro de este concepto es muy importante que definas el costo de los productos de los tratamientos y consumibles que cada uno de ellos va a usar. Pide asesoría al proveedor de la cantidad de producto necesaria para cada tratamiento. Por ejemplo, ¿para cuántos protocolos rinde una crema limpiadora tamaño profesional?, y así sucesivamente.

- *Ingresos o pérdidas* (*profit and loss*): es el dinero que recibes (se trata de pérdida cuando el resultado arroja negativo) por los servicios y la venta de productos de apoyo en casa, pero ¡atención!: ese dinero todavía no es tu ganancia.

- *Costo de venta* (*cost of goods sold*): digamos que es el precio de venta del producto o servicio al cliente, menos lo que te costó a ti para adquirirlo o lo que te costó estructurar tu protocolo con la cantidad de cremas, exfoliantes, toallitas y demás insumos necesarios; todo ello, al comienzo y al final de un período determinado. No hemos llegado aún a tus ganancias, no te desesperes.

    Costo de venta = costo de compra de la mercancía en el inventario inicial + compras realizadas durante el período - costo de la mercancía en el inventario final

- *Utilidad bruta* (*gross profit*): es la diferencia entre los ingresos y el costo de ventas.

    Utilidad bruta = ingresos - costo de ventas durante el ejercicio contable

- *Utilidad final* (*net profit o net income*): hemos llegado a lo que serán tus ganancias. Es el resultado de la resta de la utilidad bruta de los gastos generales y otros conceptos contables.

    Utilidad final o neta = utilidad bruta - gastos generales - impuestos - intereses - depreciación.

Tener claras todas las variables es central, ya que afectan la entrada y salida de dinero del *spa*, así como saber leer e interpretar tus ganancias o pérdidas, entender lo que es el costo de venta, etc. Si no comprendes esos y otros conceptos, no vas a poder definir tu estructura de costos ni ver cuál es tu consumo mensual, y nunca vas a poder hacer una estructura financiera lógica para tu *spa* ni para ningún otro negocio. Muchas veces esa es la causa de que las entidades financieras rechacen el otorgamiento de créditos a pequeños emprendedores, aún siendo exitosos.

TIPS DE ORO

- No compres exceso de inventario. Además de que es dinero congelado, los productos cosméticos se dañan con el tiempo. Es preferible que tengas rotación de insumos y reponer a medida que sea necesario. Sin embargo, cuida de no llegar al límite mínimo del inventario, por lo que siempre debes tener un extra del 10% para tu crecimiento o para imprevistos.
- Prepara tu lista de gastos y compras al mes.
- No manejes tu negocio a través de tu cuenta de banco personal; no podrás aprovechar las ventajas fiscales que te ofrecen los tipos de compañías. No subestimes tus posibilidades de crecimiento, así sea que empieces tu negocio en un espacio en tu casa o alquilando una cabina.
- Contrata a un preparador de impuestos para que durante el último trimestre del año revisen juntos la proyección de los impuestos por pagar y planifiques el gasto con suficiente antelación.
- A medida que vayas creciendo, considera contratar a un tenedor de libros (*bookkeeper*), con el fin de que te lleve el registro en los cuadernos contables de las transacciones financieras mes a mes.
- Insistimos: a pesar de la contratación de personal externo, tú eres el responsable de las finanzas de tu negocio. Actualmente, nosotras contamos en nuestro *spa* con los servicios de un contador, sin embargo, estamos a cargo de las finanzas del *spa* y de su monitoreo a través de Quickbooks Online. Hacemos esta tarea cada fin de mes antes de entregar los estados de cuenta para la conciliación del mes.

"La pasión te lleva a lograr cosas inimaginables"

Niurka Gómez

MEDILIGHT

CAPÍTULO II
La actualidad de la industria de la belleza

Entremos en materia sobre lo que está ocurriendo en este mundo de la belleza: la industria de la belleza está viviendo su momento de gloria.

La popularización de tratamientos y servicios está atrayendo a millones de hombres y mujeres que buscan envejecer diferente a sus padres y abuelos, y lucir siempre mejor. Las edades oscilan entre los 21 y los 75 años. Es un momento increíble para ser parte de este movimiento. Revisemos los pasos para establecer e integrar esta industria en crecimiento.

A escala global, el mercado de la belleza es muy dinámico, innovador y creador de tendencias. Impulsado por los avances en ciencia y tecnología, el aumento de la esperanza de vida, y retroalimentado por la creciente aspiración de retardar el envejecimiento, el mercado mundial de la belleza generó en 2021 aproximadamente 70.740 millones de dólares estadounidenses, un incremento de más de 8.300 millones con respecto al año anterior. Todas las variables apuntan a que esta tendencia se mantendrá en el futuro, y para 2026 se estima que supere los 131.000 millones de dólares, por lo que es un mercado cada vez más fragmentado y especializado. [1]

---

[1] Abigail Orús (17 de mayo de 2022). *Ingresos del mercado mundial de cosméticos 2013-2026* https://es.statista.com/estadisticas/1306070/ingresos-del-mercado-mundial-de-cosmeticos//

Dentro de esta segmentación en la oferta y la demanda de productos y servicios de belleza, los servicios de estética son cada vez más populares. En 2021 su mercado global se valoró en 14.400 millones de dólares americanos y se espera que registre una tasa de crecimiento anual compuesta (CAGR, por sus siglas en inglés) del 14,82% entre 2022 y 2030.[2]

Estableciendo tu negocio

Luego de ver el tamaño de esta industria, lo primero que hay que tener claro es que, si quieres dar el salto a un negocio formal, es importante establecer una empresa que te dé el carácter legal y que te ayude a crecer. Muchos esteticistas manejan de una manera muy informal sus negocios, utilizando sus cuentas personales, sin entender que poseer una empresa en EE.UU. es como tener acceso a un *country club*, con beneficios fiscales, acceso a créditos, entre otros, que te ayudarán, con el tiempo, a contar con un negocio robusto.

Es importante saber que las normas varían en cada estado de EE.UU., aunque, ciertamente, debes cumplir con alguna formalidad de carácter nacional. No es lo mismo abrir un *spa* en Florida que en Texas porque puede que los requerimientos no sean exactamente iguales. Por ello, te recomendamos que busques asesoría en tu ciudad y evites poner en riesgo tu negocio. No es inteligente que te expongas a severas sanciones y multas o, inclusive, a perder tu negocio. Tómate esto muy en serio.

En Estados Unidos es requisito que tengas un certificado de entrenamiento por cada técnica estética que apliques en tu cabina.

---

2. Grand View Research (s. f.). *Medical Spa Market Size & Share Report, 2022-2030* Recuperado el 5 de octubre de 2022, de https://www.grandviewresearch.com/industry-analysis/medical-spa-market

Eso se llama *"proper training"* o entrenamiento apropiado.

Preparamos un *checklist* que te dará una panorámica general de los pasos y recomendaciones que debes tomar en cuenta:

- Define el modelo de negocio (*spa, medspa*, masajes, cejas, etc.) y el nombre del negocio.
- Redacta la declaración de propósito de tu negocio, en la que expresarán las motivaciones comerciales del *spa*, su visión y misión, y cómo beneficiará a sus potenciales clientes con tus servicios.
- Identifica la ubicación o espacio donde funcionará. Volveremos sobre este punto más adelante.
- Determina el tipo de empresa que deseas abrir y cumple con los trámites legales de rigor para su registro. El estado de Florida dispone para ello del sitio web *Sunbiz.org* https://dos.myflorida.com/sunbiz/, donde, además, puedes realizar consultas previas sobre el tema. En breve, te daré una orientación más detallada al respecto.
- Una vez que se ha conformado tu empresa, contacta a la oficina de administración de impuestos, conocida como Internal Revenue Service (IRS), para que te asignen el número de identificación fiscal federal, o Employer Identification Number (EIN), a fin de declarar los ingresos y gastos del negocio. Es recomendable contar con un contador o asesor fiscal: https://www.irs.gov/es/businesses/small-businesses-self-employed/apply-for-an-employer-identification-number-ein-online.
- Para la venta de productos a los clientes, tendrás que cobrar impuestos a las ventas (*sales tax*). El porcentaje varía

según cada estado y estos impuestos corresponden a otro departamento diferente al IRS. Por ejemplo, en Florida, es el Florida Revenue. Debes tener un *sales tax ID* y declarar trimestralmente el dinero retenido por este impuesto. Para mayor información, consulta la página https://floridarevenue.com/.

- Tramita ante la alcaldía de tu ciudad el certificado de ocupación que avala el cumplimiento del local o de la edificación con los códigos de construcción y otras leyes aplicables, y que además indica que el espacio se halla en condiciones adecuadas para la actividad. Si tienes que hacer alguna remodelación o trabajo de construcción, consulta si debes solicitar el certificado de ocupación antes de iniciar las obras. El certificado se emitirá una vez que un inspector haga las comprobaciones necesarias de las labores que se han hecho.

- Asegúrate de que todo tu equipo (esteticistas, masajistas, tatuadores, cosmetólogos, etc.) haya hecho sus estudios en una academia local, que esté acreditada para el otorgamiento de las licencias de capacitación. Por ejemplo, todo personal que vaya a trabajar con el rostro del cliente debe tener una licencia para el cuidado de la cara (*skincare license*), aunque solamente se vaya a dedicar a poner pestañas. Recuerda que las licencias se tramitan ante el departamento de regulación profesional y de negocios de tu estado (agencia DBPR, por sus siglas en inglés para el estado de Florida) y se deben renovar regularmente.

- Exhibe las licencias de tu equipo y de la ciudad en una cartelera que esté en la entrada del local. Esto es un requisito legal y, adicionalmente, le dará a tu cliente la confianza de que está en manos de expertos.

- Si tienes empleados y pagas por W-2 (documento que el empleador debe entregar a cada trabajador y al IRS, y donde informa los salarios e impuestos retenidos), adquiere una póliza de seguro de compensación a los trabajadores para que los proteja de accidentes en tu local.

- Obtén un seguro comercial para proteger al negocio de accidentes, desastres naturales o demandas por accidentes (caídas o asuntos de este tipo).

- Crea o compra formularios para el consentimiento del paciente (*patient forms and informed consents*). Contienen la información impresa que este requiere para decidir y dar su consentimiento a los tratamientos a los cuales será sometido en el *medspa*. Son fundamentales para la seguridad y la responsabilidad de la persona.

- Cumple con las regulaciones del Health Insurance Portability and Accountability Act (HIPPA, por sus siglas en inglés). En EE.UU., los datos médicos personales, los números de seguridad social y otros documentos de identificación del consumidor están muy protegidos, a fin de evitar extorsiones, falsificación de identidad, entre otros casos. Se aplica particularmente a los *medspas*. Adquiere los formularios de administración de salud y seguridad ocupacional conocidos como OSHA, las siglas en inglés de Occupational Safety and Health Administration. Ese organismo regula la seguridad y la salud en el lugar de trabajo, lo cual es esencial en un entorno médico.

- Si planeas establecer un *medspa*, en la mayoría de los estados, necesitarás un director médico, un asistente médico (*physician assistant* o PA) o de una enfermera titulada con capacitación clínica (*nurse practitioner* o NP) para los procedimientos inyectables. Te invitamos a revisar las regulaciones de tu estado a este respecto.

- Los *medspas* han de registrarse en el departamento de salud de tu estado con los recaudos que puedes encontrar en la web oficial.

- Establece políticas que cumplan con los requerimientos del Gobierno estatal y nacional o federal en cuanto a riesgos biológicos, privacidad del paciente, higiene, operación de equipos, compra, manejo y almacenamiento de medicamentos, gestión de riesgos, desinfección, informes de incidentes y más, que contribuirán a la salud y seguridad de tus pacientes y personal. Esto aplica particularmente a los *medspas*. **NOTA:** si tu estado exige que el *medspa* sea propiedad de un médico, hay figuras legales que permiten que aquellos que no lo son puedan ejercer funciones claves en las operaciones diarias del negocio, excepto lo relacionado con servicios o tratamientos médico-estéticos. Si te interesa profundizar en este tema, un asesor legal de tu ciudad estará en capacidad de darte la información necesaria.

Escogiendo tu negocio: ¿spa o medspa?

Hoy en día abrir un *spa* va más allá de tener una camilla y ofrecer tratamientos de belleza o tratamientos para la cara y el cuerpo, como antiguamente incluían las peluquerías en su menú de servicios. Dentro de este mundo de la belleza, cada vez más amplio, segmentado y profesionalizado, debes tener claros los tipos de *spas* que existen actualmente, sus diferencias y los permisos exigidos según su clasificación.

Esto te permitirá saber cuál es el más adecuado para ti; para tu preparación, cualidades, experiencia o conocimientos; tus circunstancias actuales, incluyendo las financieras, y para determinar cuán lejos estás dispuesto a llegar o que puedas hacerlo.

NOTA: En el estado de Florida, el propietario del negocio (*spa* o *medspa*) no tiene que ser necesariamente esteticista o cosmetólogo. Podría contratar personal certificado para ello y concentrarse en la administración, pero tener conocimientos del negocio, protocolos, tratamientos estéticos y haber estado en los zapatos del cliente aumenta considerablemente las posibilidades de éxito de un emprendedor. Ahora bien, si además de ser el dueño del negocio, vas a ejercer como esteticista o injector, no olvides que tú también, al igual que tus empleados, debes contar con la licencia y titulación respectiva, aprobada y al día.

Spa o centro de estética:

Puede funcionar en un espacio completo o en una cabina dentro de algún *spa* o peluquería. Se trata de espacios agradables que brindan un ambiente de calma y relajación. Aparte de las camillas, mesa y demás mobiliario, cuentan con robots y aparatos para los diferentes tratamientos.

En los *spas* no está permitido hacer procedimientos de grado médico (inyectables o láser). Por ello, no ameritan la supervisión o servicios de un médico especializado.

En este tipo de *spa*, los tratamientos están a cargo de personas certificadas en áreas como esteticismo, cosmetología o masajes terapéuticos, entre otros.

Entre los servicios más comunes que ofrecen, se encuentran los siguientes:

- Tratamientos faciales de rejuvenecimiento,
- *Peeling,*
- *Fibroblast,*
- *Microneedling* o *dermapen,*
- Mesoterapia sin agujas,
- High-Intensity Focused Ultrasound (HIFU),
- Radiofrecuencia,
- Radiofrecuencia con agujas,
- Cejas y pestañas (extensiones, diseño o pigmentación),
- Masaje, moldeamiento y maderoterapia,
- Terapias holísticas (piedras calientes, masajes relajantes, etc.),
- Otros servicios conexos como *manicure*, *pedicure*, maquillaje y peluquería.

Medspa

Los *medspas* o *spas* médicos son la nueva tendencia, cada vez más demandados y populares. Es un cruce entre una clínica médico-estética y un *spa* común. Dentro de un ambiente de *spa*, ofrecen tratamientos médicos y estéticos nuevos e innovadores.

Lo más importante de un *medspa* es la combinación de tratamientos que les darán resultados contundentes a los pacientes.

Los espacios y decoración invitan igualmente a la serenidad y a la relajación, pero suelen ser más elegantes y con áreas más grandes. Los *medspas* sí utilizan un espacio completo, es decir, no suelen estar en cabinas; se ubican en espacios únicos. Sus camillas son robustas, amplias y cómodas. Cuentan con una gran variedad de equipos y tecnologías especializadas de uso profesional, que se hallan en constante innovación.

Aunque las regulaciones pueden variar de un estado a otro, lo que caracteriza por excelencia al *medspa* es que debe funcionar bajo la supervisión de un médico certificado, que puede ser —o no— el propietario del negocio, pero que también tiene la responsabilidad de asegurarse de que todos los tratamientos de grado médico realizados por él, o delegados al *physician assistant* (PA) o al *nurse practitioner* (NP), procedan de forma segura y efectiva. Esos tratamientos de grado médico se agrupan en todo lo que sea inyectables, láser médico y procedimientos hormonales, etc.

Los tratamientos más comunes de un *medspa* son:

- Toxina botulínica o bótox
- Rellenos dérmicos con ácido hialurónico u otros rellenos o *fillers*
- Mesoterapia con agujas
- Plasma rico en plaquetas
- Plasma rico en fibrina
- Tratamientos con láser para tratar arrugas, pérdida de colágeno, problemas de textura, manchas, imperfecciones, cicatrices, entre otros;
- Hilos tensores o PDO
- Exfoliaciones o *peelings* químicos en una amplia variedad (algunos de ellos de grado médico)

- Tratamientos contra el acné o sus secuelas
- Rellenos dérmicos con ácido hialurónico u otros rellenos o *fillers*
- Armonización facial
- Armonización glútea
- Faciales en toda su variedad, así como otros servicios del área estética como radiofrecuencia, microagujas con radiofrecuencia, *fibroblast*, ultrasonido o HIFU, etc.
- Tratamientos láser (rejuvenecimiento, cicatrices, depilación, *lifting* entre otros)

Usualmente ofrecen en venta una amplia línea de productos de alta calidad para el mantenimiento y prevención del cuidado del rostro y del cuerpo.

Es importante destacar que es recomendable verificar las licencias necesarias en tu estado para ejercer las distintas prácticas.

Tipos de empresa en EE.UU.

Hemos llegado a una encrucijada decisiva. Este es un asunto complejo por sus detalles, implicaciones y vasto alcance. Cada tipo de empresa se parece a una balanza o báscula con sus platillos para el peso y el contrapeso. Por eso, debes seleccionar la estructura comercial que ofrezca el mayor equilibrio posible de protección legal y beneficios.

Por tal motivo, es importante que te informes o asesores muy bien para que lo comprendas de manera precisa y en profundidad. Además, tendrás claro cuál será tu rol, responsabilidades, riesgo, derechos, impuestos por pagar tanto a escala federal (IRS) como a escala estatal, y la manera en que debes interactuar como propietario, socio o miembro con tus pares y con los entes gubernamentales.

En EE.UU., existen varios tipos de empresas, pero vamos a hacer una breve descripción de aquellas que más nos interesan a los fines de este libro.

Empecemos:

1. *Sole proprietorship* o propietario único

Es la estructura jurídica más sencilla y económica de crear. Como su nombre lo indica, la puede registrar una sola persona, la cual, en este caso, se considera como la misma entidad que la empresa, de manera que debe responder con su patrimonio personal ante las pérdidas que pudiera presentar la compañía, lo que significa que el propietario único tiene responsabilidad ilimitada.

No obstante, los dos integrantes de una pareja casada, para efectos de esta estructura jurídica, pueden aparecer como "socios" y mantener la figura de propietario único.

2. *General partnership* o asociación general

Como su nombre lo indica, es una asociación que está formada por dos o más personas y, al igual que la anterior, también es una estructura jurídica sencilla y económica, en la que los socios deben responder con su patrimonio personal en caso de deudas o pérdidas de la empresa.

El funcionamiento y la gestión de la empresa pueden ser definidos de forma verbal por parte de los socios (aunque se recomienda hacerlo por escrito), los cuales, además, tienen la facultad de firmar contratos de manera individual que comprometen y obligan a la empresa a su cumplimiento.

3. *Limited liability partnership* o asociación con responsabilidad limitada

Es una estructura jurídica formada por dos o más personas. Generalmente, la usan grupos de profesionales como médicos, abogados, ingenieros, dentistas o contadores, entre otros.

Todos los socios son responsables de las deudas contraídas o pérdidas generadas por la empresa; sin embargo, las responsabilidades profesionales como negligencia o mala praxis son individuales. Este tipo de asociación no está permitida en todos los estados.

4. *Limited partnership* o asociación limitada

Es una estructura jurídica, cuya constitución es costosa y está formada por dos o más socios que pueden ser personas o entidades.

En este caso, los socios no responden con su patrimonio personal por las deudas contraídas o las pérdidas que pudiera llegar a tener la empresa, a excepción de los socios que se dediquen a la gerencia del negocio, ya que se convierten en los responsables del funcionamiento de este.

5. *C Corporation* o corporación C

Es la estructura jurídica más tradicional y "formal" para tu empresa en EE. UU., ya que amerita una estructura organizacional jerarquizada: con accionistas, directores, consejeros, estatutos, juntas frecuentes de accionistas y presentación de reportes anuales.

Es equivalente a una sociedad anónima, de manera que su capital está representado por las acciones, las cuales, además, pueden ser variadas, ilimitadas e incluso vendidas parcial o totalmente a inversionistas, a fin de levantar capital, generar crecimiento o la *escalabilidad* de la empresa.

Por esta razón, dicha estructura jurídica es apropiada para empresas que coticen o tengan planificado cotizar en la bolsa de valores.

Esta estructura jurídica es una entidad independiente de sus propietarios, por lo que los accionistas no responden con su patrimonio personal a las deudas contraídas o pérdidas que pudiera llegar a tener la empresa.

Sus accionistas pueden ser personas, extranjeros u otras compañías.

Adicionalmente, las corporaciones C deben pagar el impuesto sobre la renta federal, así como sus accionistas en caso de que reciban dividendos de dicha empresa.

6. *Limited liability company* o compañía de responsabilidad limitada (LLC). Nuestra favorita y la que te recomendamos.

Esta estructura jurídica es probablemente, junto a la corporación C, la más utilizada en EE.UU., y goza de dos ventajas muy importantes:

- Cuenta con la principal ventaja que tienen las asociaciones, esto es, que las ganancias y las pérdidas son transferidas a sus propietarios y, por lo tanto, son ellos quienes deben pagar el impuesto sobre la renta federal en función de los dividendos obtenidos de la LLC.
- Cuenta con la principal ventaja que ofrece las corporaciones C, dado que sus propietarios no responden con su patrimonio personal en caso de deudas o pérdidas de la empresa.

Es una estructura jurídica muy flexible para su gestión, debido a que está conformada solo por miembros o socios y gerentes, por lo que, generalmente, no requiere una junta directiva compuesta por un presidente, vicepresidente, secretario, tesorero, entre otros.

Con una LLC, no se pueden emitir acciones ni solicitar créditos a nombre de la empresa (se pueden solicitar a nombre de los miembros), lo que limita la capacidad de la empresa para acceder a capital de inversión.

Una LLC puede tener uno o más miembros y estos pueden ser incluso extranjeros o empresas. En este sentido, EE.UU. brinda la posibilidad de registrar una LLC desde otro país de una manera muy sencilla.

Protege tu privacidad al establecer tu negocio

Si bien es cierto que en EE.UU. es muy fácil que uno mismo pueda abrir una empresa por medio de Internet, nuestra recomendación es que cuando vayas a registrarla, lo hagas a través de un *agente registrador externo*, que puede ser tu contador, tu abogado o hasta una oficina dedicada a ello. Esta figura se encarga de proporcionar su dirección para recibir y manejar la correspondencia oficial dirigida a tu empresa y de remitir oportunamente. En otras palabras, el agente registrador es el enlace entre la documentación o notificaciones estatales (cobro, demanda, etc.) y tu empresa, pero no tiene participación, beneficios ni responsabilidad en la operación y gestión de tu negocio. Es un servicio de renovación anual.

Si estás empezando tu negocio y aún no tienes local, sino que haces servicios a domicilio o en alguna cabina, nada impide que tus datos aparezcan como agente registrador, por lo menos en Florida; sin embargo, toma en cuenta que la dirección del domicilio que hayas suministrado es la que quedará registrada. ¿Y eso qué implica? Bueno, eso supone que pongas en riesgo tu privacidad, ya que si suministraste la dirección de tu casa, por ejemplo, entonces esa información será pública y accesible a cualquier persona.

Ubicación: el punto clave para el éxito del negocio

Te damos nuestras mejores prácticas al seleccionar tu local:

- Presupuesto
- Accesibilidad y *parking*
- Distribución interna.

Tener definido un presupuesto para la renta mensual que puedas pagar te dará la pauta para empezar la búsqueda. La recomendación de negocios es que el pago de la renta no sea más del 10% de tu facturación al mes. Por ejemplo, si tu facturación o la proyección es de 20.000 dólares, tu renta tendría que estar en los 2.000 dólares al mes. Este cálculo te ayuda a proyectar tus ingresos y gastos. Esta fue nuestra primera renta, nos pusimos la meta de conseguir nuestro local de no más de 2.000 dólares y que, además, debería estar cercano a nuestros domicilios. Actuamos bajo esos parámetros y lo conseguimos. En ese momento no le dimos importancia al *parking*, y eso generó incomodidades a los pacientes. En la transición a nuestro segundo *spa*, también establecimos nuestros parámetros ideales, y lo logramos porque teníamos nuestros objetivos claramente demarcados, entre ellos, el acceso y el *parking*.

Consideraciones para seleccionar tu ubicación:

- Identifica los ingresos económicos del área seleccionada. Así, comprobarás si se trata de una zona cuyos habitantes tienen poder adquisitivo o, por el contrario, si se trata de un área deprimida económicamente. En otras palabras, conocerás si la ubicación es viable para el tipo de *spa* y menú de servicios que tienes en mente. Por ejemplo, en un sector con baja capacidad de gasto sería una temeridad poner un *medspa*, ya que sus tratamientos son costosos, pues requieren equipos de última tecnología y personal especializado. Al contrario, tendría más posibilidades de funcionar un *spa* con tratamientos faciales y corporales de bajo costo o un *spa* especializado, como de uñas o cejas. En virtud de la zona que escojas, así deben ser los servicios y precios; pero ten presente que una zona con bajo poder adquisitivo puede poner en riesgo tu *spa*, puesto que posiblemente deberás abaratar mucho tus costos.

- ¿A puerta de calle o en un centro comercial? Mi experiencia me dice que la visibilidad del local es algo relativo y que eso no debe ser un obstáculo que determine la viabilidad del negocio. Atención, no hay que confundir visibilidad con accesibilidad. Este último término se refiere a que sea fácil llegar, tenga estacionamiento; de ser necesario, que disponga de escaleras mecánicas o ascensor, y que no esté en las afueras de la ciudad o muy retirado de tu público objetivo. Ni nuestro anterior *spa* ni el actual están a puerta de calle, tampoco en un hotel ni en un centro comercial. En esas ubicaciones las rentas suelen ser más costosas. De hecho, nuestro *spa* actual se encuentra en un segundo piso, lo cual es ventajoso porque muchos de nuestros clientes quieren un *spa* que les ofrezca discreción y privacidad. Ahora te preguntarás: ¿cómo se compensa entonces la falta de visibilidad? El mercadeo, la herramienta que no debes obviar para desarrollar tu clientela y de la cual hablaremos en extenso más adelante.

- Distribución interna: trata de escoger establecimientos con espacios que se presten para que sea sencillo adaptarlos a tu plano o *layout*. Locales complicados para adaptar te llevarán tiempo, dinero, y los permisos del lugar se pueden retrasar por las inspecciones que se ameriten.

- Cerciórate de que el uso de zonificación del local permite montar el negocio de *spa*, *medspa* u oficina médica (te ahorrarás gastos inesperados), que tenga los permisos para los servicios que necesitas y que puedas hacer modificaciones de diseño de interiores. Trata de no hacer remodelaciones profundas y planea que no se prolonguen más de dos meses. También cerciórate de que no exceda el presupuesto que hayas establecido para ello.

Definiendo tu plano o *layout*

Este es otro momento muy emocionante en tu emprendimiento. Para esta etapa, ya debes tener claro el tipo de *spa* que quieres y, en función de ello, haber definido los colores de la identidad corporativa de tu marca y haber elaborado el menú de servicios que vas a ofrecer. Lo anterior es fundamental porque va a determinar la distribución del espacio, el diseño de interiores y hasta las características y calidad del mobiliario y la iluminación.

Ahora debes proyectar sobre el papel las imágenes que tienes en mente acerca del *spa* de tus sueños y convertirlas en trazos e indicaciones. ¡Ya tu negocio comienza a tener forma! Igualmente, te doy unos consejos, y tal vez puedas enriquecer tus ideas.

El espacio y la distribución (*layout*)

El conjunto de servicios te va a marcar la pauta de las necesidades generales del local, a las cuales debes sumar aquellas que estén relacionadas con las áreas administrativas y del personal.

Veamos una lista de los espacios típicos de un *spa* y algunas preguntas que debes hacerte:

- área de espera y recepción,
- sala de consulta o evaluación inicial,
- cabinas o salas de tratamiento. ¿Cuántas necesito y cuál es el propósito de cada una de ellas? ¿Cuál debe ser su tamaño? ¿A cuántas personas atenderé a la vez?;
- área de exhibición de productos,
- área de oficina y de descanso o *kitchenette* para el personal. ¿Cuánto personal necesito?;
- área de almacenamiento,
- baño.

De acuerdo con tu proyecto, si es de una cabina, 200 a 300 pies cuadrados es lo más frecuente (entre 18 y 27 m² aproximadamente); si es un *spa* completo, te recomendamos desde 1.000 pies cuadrados (92 m² aproximadamente) en adelante. Para un *medspa*, lo recomendable es que sea de 1.700 pies cuadrados en adelante (157 m² aproximadamente).

Puntos a considerar:

- La infraestructura (electricidad, plomería, telecomunicaciones) debe adaptarse al equipamiento de tu oferta estética. ¿Cuál es la tensión eléctrica adecuada para alimentar las máquinas y los robots? ¿Cuál es el servicio de calefacción, ventilación y aire acondicionado adecuado para las habitaciones?
- Plomería apropiada para brindar servicio de agua.
- Chequear la capacidad de carga (peso) de los pisos y la altura del techo para equipos especiales o pesados como los láseres.

Diseño de interiores (estilo y mobiliario)

- El espacio ha de ser funcional, y también proporcionar una atmósfera de bienvenida y tranquilidad en un ambiente exclusivo y armonioso que refleje la calidad de los servicios.

- A través del diseño de interiores y la decoración darás el gran salto hacia la adecuación y transformación del local a cómo te lo has imaginado por tanto tiempo. Con la paleta de colores de tu marca en la mano, estudia los espacios internos del establecimiento para su máximo aprovechamiento, piensa en cómo se desenvolverá los empleados y clientes dentro de estos y en las emociones que quieres provocar en quienes los visitan. Debes crear una unidad estética o de contenido sencillo y relajante, que esté muy bien ensamblada pero nada recargada.

- La insonorización de los espacios (aislarlos del ruido), el ambiente musical, la iluminación, los aromas y los pequeños detalles mejoran significativamente la experiencia del usuario.

Nuestros *tips* para amoblar y decorar

- Busca en Pinterest ideas para decorar un *spa* y opciones de paleta de colores; encontrarás cosas maravillosas, combinaciones y estilos que te ayudarán a definir el tuyo propio.

- Nosotras escogimos nuestro mobiliario y decoración en Amazon, Ikea y Wayfair. Recuerda que abrimos en plena pandemia de la COVID-19, y esos establecimientos resultaron ser la mejor manera de aprovechar el tiempo, conseguir mejores opciones y precios. Para nuestra segunda sede repetimos la misma práctica y fue maravillosa.

- Contacta a un buen *handyman* o constructor que te ayude con el proyecto. Necesitarás (si no haces remodelaciones) pintar, armar muebles, colgar o poner repisas, entre otras tareas.

Orden y limpieza

Todas las áreas, incluyendo la entrada principal y, especialmente, los baños, vestuarios, cabinas o salas de tratamiento, deben mantenerse meticulosamente limpias. Hay que esmerarse en esos rincones a los que no llegan los trapeadores, frotar rastros o marcas de huellas dactilares en puertas o superficies y eliminar el polvo en los estantes de exhibición, que tan mala impresión causan. La limpieza más escrupulosa es un "deber ser" de cualquier *spa*.

Adecuando tu cabina o sala de procedimientos

Este es el corazón del negocio, el que le da su razón de ser y sustentabilidad. Además de funcionales y prácticas, las cabinas o salas también deben ser espacios estéticamente atractivos y cómodos, adecuados a sus funciones e infraestructura.

Una vez que hayas decidido la utilidad de cada cabina o sala, así como las instalaciones de electricidad y plomería requeridas, y así determinar su tamaño. Asegúrate de que sea lo suficientemente grandes para que se pueda transitar con facilidad y sin necesidad de que el cliente deba salvar obstáculos entre aparatos y enseres; pero también deben ser correctamente aprovechadas para no desperdiciar espacio. Por ejemplo, una sala de procedimiento multifuncional lo ideal es que sea amplia, puesto que amerita disponer de una serie de equipos y mobiliarios que den pie a la versatilidad en la prestación de sus servicios, a la vez que sean confortables.

Deben ser ventiladas, ofrecer privacidad y tranquilidad al cliente, y estar en armonía con la temática de colores y decoración elegidos.

Recuerda que, por su naturaleza, las cabinas o salas de un *medspa* son más holgadas que las de un *spa* tradicional, dado que precisan de un variado equipamiento médico y estético.

Los materiales del mobiliario también dependen de si es un *spa* o un *medspa*. En este último deben ser duraderos y contribuir a la asepsia al ser de superficies lisas y fáciles de limpiar. El material más usado es el acero inoxidable. En un *spa*, los materiales también deben ser duraderos, pero se permiten opciones más diversas y económicas.

Iluminación

Dependiendo del tipo de *spa*, así será la iluminación. Los *spas* de masajes relajantes tienen, generalmente, una iluminación más tenue. Sin embargo, en los *spas* donde la precisión de los tratamientos faciales es muy importante, es esencial que el especialista cuente con una muy buena visión del área del paciente por examinar y tratar; de ahí que la iluminación de la sala o la cabina sea blanca, pero sin llegar a encandilar. De igual manera, todas las áreas de estos tipos de *spas* están muy bien iluminadas. Esto, adicionalmente, les da amplitud a los espacios y le transmite la tranquilidad al cliente de que está en un recinto donde puede percibir fácilmente el orden y la limpieza.

Camillas

Son la principal herramienta de trabajo para cualquier tipo de *spa*, aunque suelen tener características distintas dependiendo de un sitio y de otro. No obstante, bien sean para masajes, tratamientos faciales básicos o tratamientos médicos estéticos, las camillas deben ofrecer estabilidad y durabilidad, contar con un tapizado resistente a continuas limpiezas y facilitar ajustes en cuanto a la altura y al trabajo por realizar, entre otras cualidades. Actualmente, la oferta es muy variada y va desde camillas portables hasta eléctricas.

El mobiliario de la belleza ha evolucionado tanto que algunos *medspas* han incorporado la llamada *cama-silla facial eléctrica o hidráulica*. Es un dos en uno que se utiliza para una amplia gama de procedimientos en los que se amerita que el paciente esté erguido. Son muy cómodas y hacen que el médico goce de la facilidad de maniobra en el tratamiento.

El precio de las camillas es tan variado como su oferta. Una camilla de buena calidad, aun siendo sencilla, puede ser costosa para una persona que comienza un *spa*. Eso no debe limitarte, puesto que afortunadamente en el mercado de segunda mano puedes conseguir camillas usadas en excelentes condiciones y que se ajusten a tus necesidades.

En cuanto al espacio, lo más habitual y aconsejable es determinar primero las medidas de la camilla(s) precisada(s), para luego establecer las dimensiones necesarias de las cabinas o salas, y, partiendo de esos datos, buscar el local. Considera que dependiendo del uso, así deben ser las características de las camillas.

"Qué la competencia sirva para hacerte mejor, no para compararte"

Nathaly Gerbino

MEDILIGHT

CAPÍTULO III

Conociendo a tu cliente

Hablemos un poco de los diferentes grupos de clientes, para que identifiques cuál es el que más se asemeja al tuyo.

Cada grupo generacional tiene su particularidad y necesidad. Conocerlas, te dará la clave para identificarlas de manera rápida y brindar soluciones.

Es interesante cómo los *millennials* y la generación Z son los grupos generacionales que cada vez consumen una mayor porción del mercado de la belleza y el cuidado personal. Gracias a ellos, varios procedimientos estéticos dejaron de ser del dominio de las generaciones anteriores que acudían a estos cuando entraban a la quinta década de vida.

Aunque no hay consenso absoluto al respecto, podemos decir que la generación *millennials* es aquella que nació entre los años 1981 y 1994, por lo que su edad actual oscila entre los 28 y los 41 años aproximadamente. Es la mayor fuerza laboral de empresas y universidades. Una gran variedad de productos y servicios están dirigidos a este segmento.

La generación Z vino a este mundo desde mediados de la década de los noventa hasta 2012, más o menos. Entonces, sus integrantes cuentan entre 10 y 27 años. Los que se acercan a la veintena están dando sus primeros pasos en el mundo laboral.

Aunque investigadores señalan diferencias entre ambas generaciones, hay similitudes que los unen, y, tal vez, la más evidente es la hiperconectividad. Los *millennials* fueron la primera generación completamente digital y el primer semillero de *influencers*; de la generación Z son los *instagramers* y *twitcheros,* y todos aquellos que mueven audiencias mediante la creación de contenido.

Otro rasgo que los vincula, transmitido de una generación a otra, es el interés por temas de salud, belleza y cuidados cosméticos. Saben que hoy en día es posible retardar los efectos del paso de los años y que es factible envejecer con una piel más cuidada y menos flácida que la de sus padres o abuelos. De hecho, en EE.UU., los *millennials* son los grandes consumidores de los servicios de los *medspas*, y cada vez más representantes de la *generación Z* cruzan la puerta de entrada de estos establecimientos.

Estas aspiraciones y percepciones son algunas de las que están detrás de la creciente tendencia del mercado de la belleza y que juegan a favor de tu negocio. La American Med Spa Association asegura que la demanda de tratamientos con toxina botulínica (bótox) sigue siendo uno de los procedimientos cosméticos más populares en el mercado y sigue aumentando.

"El bótox es ahora el tratamiento cosmético no quirúrgico más popular en Estados Unidos, con un tamaño de mercado valorado en 4.7 mil millones de dólares. Durante los últimos 20 años, el número de procedimientos cosméticos con bótox ha aumentado en más del 700%, con más de 6 millones de tratamientos realizados cada año".

(...)

"Y aunque las mujeres todavía usan más bótox que los hombres, ellos también lo están probando, cada vez con más frecuencia en cabina".[3]

Además, se espera que el mercado siga creciendo, gracias al incremento del uso de otros rellenos dérmicos, la depilación láser y los procedimientos de rejuvenecimiento no invasivos.

El grupo de 40 años, son hombres y mujeres que desean mejorar su apariencia ya que está viendo signos de envejecimiento reales, económicamente tienen presupuesto y la autoestima está en primer plano y prioridad, serán clientes frecuentes de botox, peelings, fillers, hilos tensores y todo lo relacionado con liftings.Entienden que la prevención es lo que les permitirá llegar regios a los 50's.

El grupo de los 50's es más interesante, pues si han tenido oportunidad de cuidarse saben lo bien que se pueden seguir viendo, hoy día vemos iconos de más de 50 años con pieles hermosas, y eso es posible a un trabajo continuo en la piel. A estas pacientes la clave es ofrecerles un plan de tratamiento que les permita mantener y maximizar el resultado de sus tratamientos. Los hilos, bioestimuladores, plasma y todo lo que ayuda a mantener estimulado el colágeno es lo que los mantendrá en tu cabina.

Por otro lado, el grupo de los *baby boomers* está entre los 60 y los 80 años, y están buscando recuperar juventud. Es común ver personas de más de 70 años usando bótox por primera vez. Tendrás contrastes generacionales, pero lo importante es estar abierto a darles opciones que ayuden en sus requerimientos.

---

3. Matthew J. Lin. *El bótox es el tratamiento cosmético no quirúrgico más usado en EE.UU. y ha proliferado con la pandemia. Un médico explica cómo funciona y qué riesgos tiene* (4 de diciembre de 2020). Recuperado el 26 de octubre de 2022, de: https://www.telemundo.com/noticias/noticias-telemundo/salud/el-botox-es-el-tratamiento-cosmetico-no-quirurgico-mas-usado-en-eeuu-y-ha-proliferado-con-tmna3851414.

Es necesario que escribas en un papel una representación de tus pacientes potenciales para que visualices cuáles son sus dolores y motivaciones, y cómo satisfacerlos con tratamientos y paquetes de servicio personalizados. Como esteticista, sabes que hay protocolos que se ajustan a personas de cualquier edad, pero hay otros que se adecúan a necesidades particulares. Una mujer adulta no necesariamente amerita servicios para el acné, pero sí tratamientos de *lifting*. Lo contrario aplica para un adolescente, pero ambas personas pueden estar precisando, por decir algo, un servicio contra las manchas de cutis.

Por eso, te sugiero que hagas un *buyer* persona o descripción de tu público objetivo. Esta es una herramienta con la que podrás identificar a tu clientela y conectar a cada grupo con tus productos y servicios, lo que te llevará a afinar tu oferta, armar paquetes de tratamiento y desarrollar campañas de mercadeo.

Comparto contigo el esquema que utilizamos en Medilight para definir a nuestros grupos de clientes potenciales, al igual que las características que puedes incorporar en cada renglón. Puedes darle un nombre a cada segmento de tu público.

Perfil general: sexo, edad, origen étnico, empleo, característica generacional.

Perfil demográfico: estado civil, zona donde vive, situación económica y nivel de gasto.

Identificadores: estilo de vida, gustos, educación, preferencias, prioridades.

Áreas de foco: áreas problemáticas en el rostro y en el cuerpo que sean típicas de la edad.

Aplicando el esquema anterior y para que tengas una idea más clara del *buyer* persona, ahora te presentamos a María, Carla, Laura y Sofía. Ellas personifican los segmentos de nuestro público objetivo en Medilight.

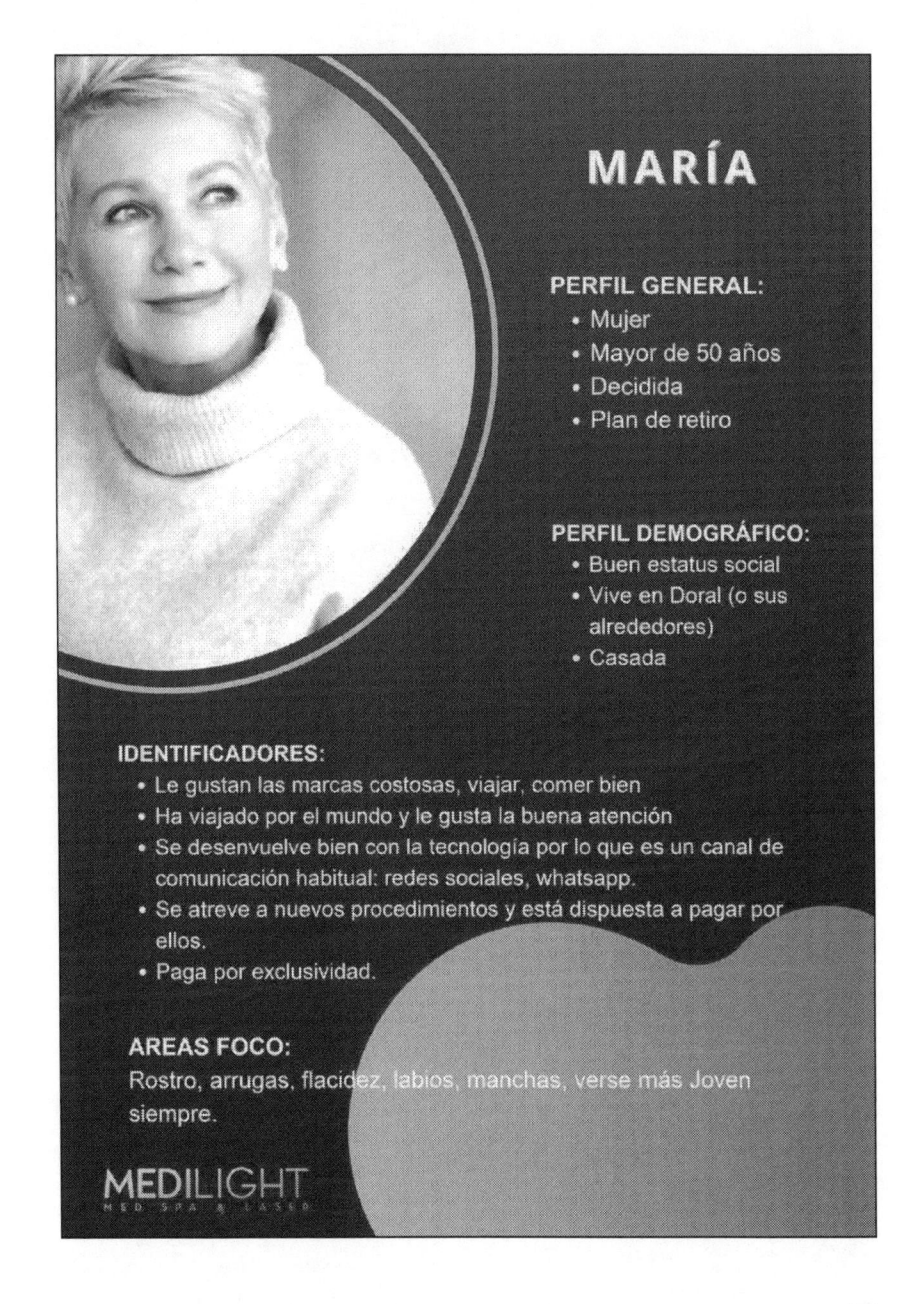

MARÍA

PERFIL GENERAL:
- Mujer
- Mayor de 50 años
- Decidida
- Plan de retiro

PERFIL DEMOGRÁFICO:
- Buen estatus social
- Vive en Doral (o sus alrededores)
- Casada

IDENTIFICADORES:
- Le gustan las marcas costosas, viajar, comer bien
- Ha viajado por el mundo y le gusta la buena atención
- Se desenvuelve bien con la tecnología por lo que es un canal de comunicación habitual: redes sociales, whatsapp.
- Se atreve a nuevos procedimientos y está dispuesta a pagar por ellos.
- Paga por exclusividad.

AREAS FOCO:
Rostro, arrugas, flacidez, labios, manchas, verse más joven siempre.

MEDILIGHT
MED SPA & LASER

CARLA

PERFIL GENERAL:
- Mujer
- Edad: 40-50 años
- Emprendedora
- Actualmente trabaja

PERFIL DEMOGRÁFICO:
- Buen estatus social (clase media)
- Vive en Doral (o sus alrededores)
- Casada con hijos

IDENTIFICADORES:
- Busca sentirse atractiva y joven.
- Está dispuesta a pagar por buen servicio.
- Está terminando de criar los hijos.
- Le gusta lo novedoso y lo que está de moda.
- Busca buen precio y compara
- Lee y mira los servicios que están a su alrededor.
- Quiere buscar nuevas opciones de ingresos.
- Usa frecuentemente las redes sociales y blog en línea.

AREAS FOCO:
Rostro: arruga, flacidez, labios, manchas
Cuerpo : Reducción de Medidas

MEDILIGHT
MED SPA & LASER

El negocio detrás de la belleza

LAURA

PERFIL GENERAL:
- Mujer
- Mayor de 30-40 años
- Activa, entusiasta en desarrollo profesional
- Profesional

PERFIL DEMOGRÁFICO:
- Clase media
- Vive en Doral (o sus alrededores)
- Mamá con niños pequeños

IDENTIFICADORES:
- Se reúnen en grupos de mamás y comparten tips y recomendaciones.
- Hace ejercicios, yoga; le gusta cocinar saludable.
- Con energía y ánimo.
- Planifica su inversión de belleza (busca relación precio/calidad)
- Usa las redes sociales como canal de información y entretenimiento.
- Confía en las recomendaciones de amigas en cuanto a productos y servicios.

AREAS FOCO:
Celulitis, flacidez post parto, líneas de expresión, marcas de acné, piel rosásea.

MEDILIGHT
MED SPA & LASER

SOFIA

PERFIL GENERAL:
- Mujer
- 21 - 29 años
- Estudiante
- Entusiasta, proactiva

PERFIL DEMOGRÁFICO:
- Clase media
- Vive en Doral (o sus alrededores)
- Estudiante, Trabajo medio tiempo

IDENTIFICADORES:
- Moderna, activa, que siempre busca opciones tendencia para verse bien
- Sigue cuentas de belleza de coreanas y maquillaje
- Mide su inversión y quiere el máximo rendimiento.
- Sigue estereotipos de belleza tipo Kardashian y otras.
- Busca ofertas de Groupon.
- Medios digitales su principal canal, muy activa en redes sociales como TikTok e Instagram.
- Está dispuesta a probar el Botox desde muy joven si ve a una amiga que se lo haga.

AREAS FOCO:
Marcas de acné, celulitis, líneas de expresión.

MEDILIGHT
MED SPA & LASER

Comportamientos más comunes de pacientes de *spa*

En el mercado existen varias formas para clasificar al cliente, pero en lo que se refiere a la clientela de un *spa*, tienen diferentes características. Asegúrate de brindarle el mejor servicio para, así, lograr una mayor rentabilidad en cualquiera de los casos. No te tomes nada de manera personal. Entender estos comportamientos te dará claridad y podrás identificar rápidamente qué paciente vuelve, y cuál solo vino por curiosidad.

- **El leal:** sin duda, este cliente es la base del negocio, ya que representa el 50%, o a veces más, del total de las ventas del *spa*. Se caracteriza por ser un cliente totalmente satisfecho, debido a que el valor de la experiencia *spa* es mayor que sus expectativas y seguramente es el tipo de cliente que hará publicidad positiva de boca en boca. Lo ideal es que tú y tu equipo se comuniquen de forma regular y directa con este cliente, además de invertir tiempo y esfuerzo adicional para atenderlo de la manera que se merece.

- **El oportunista:** es el cliente que compra el producto o servicio *spa* de forma regular, pero se basa en la idea de que el *spa* le debe brindar algún plus o beneficio por ir. Se caracteriza por buscar tratamientos de promoción y, aunque no está insatisfecho con el servicio que recibe, no dudará en ir a otro lugar si consigue un precio más bajo. Este cliente hace que en el *spa* haya una mayor rotación del inventario y, por ende, que haya más flujo en la caja. Sin duda, tú y tu gente de *marketing* deben aprovechar a este tipo de cliente, siempre que esté dispuesto a gastar e incluirlo en sus promociones de rebajas, planes de 2x1, etc.

- **El impulsivo:** como su nombre lo indica, es un cliente que compra por impulso; entra al *spa* sin estar plenamente convencido de tomar algún servicio, pero se deja llevar por la información proporcionada, el ambiente, la atención. Seguramente es el tipo de cliente que comprará cualquier producto que el *spa* exhiba, sin prestar atención a ninguna marca en particular, solo por el simple hecho de que le parece bueno, a buen precio y bonito. Por eso, debes esmerarte en mantener lo más atractivo y presentable posible tu local, a la vez que cuidar al máximo cada detalle de la decoración y ambientación para atraer la atención, puesto que no olvides que se recibe información a través de la vista, el tacto, el oído, el olfato y el gusto. Como ya te habrás dado cuenta, para obtener el mayor beneficio posible de estos clientes, la asesoría al cliente impulsivo es muy importante.
- **El que compra por necesidad:** este cliente sabe perfectamente para qué va a un *spa*, ya sea para satisfacer una necesidad de relajación o de algún tratamiento de tipo estético. Generalmente, suele ser un cliente leal a una marca, por lo que si el *spa* no le brinda lo que busca según su criterio, se irá a otro. De ti depende que sea un cliente leal, así que solo debes tratarlo bien y ofrecerle la mejor atención, dado que, para él, eso suele ser un factor decisivo para ser leal a la marca.
- **El despistado:** este tipo de cliente no tiene una necesidad o deseo en mente cuando entra a tu *spa*. Se podría decir que el azar lo llevó ahí, por lo que representa un porcentaje muy pequeño de las ventas. No obstante, se le debe brindar el mejor servicio y atención, debido a que pueden

influir en el círculo en donde se mueven para que otros vayan a tu *spa*.

En Medilight, como ves, nuestro *buyer* persona está compuesto por cuatro perfiles que van desde los 21 años hasta los mayores de 60 años y estamos pensando en incorporar dos más.

Ahora, teniendo claro el perfil de tus pacientes, puedes proceder a elaborar tu menú de servicios, considerando a cada segmento de tu clientela tanto en tratamientos para cualquier tipo de piel como personalizados según la edad.

Ofrecemos más de 50 tratamientos de cuidado facial, en los que está representado cada grupo de nuestro público objetivo, bien sea a través de protocolos generales como faciales de limpieza profunda, planes de tratamientos específicos para manchas, acné o rejuvenecimiento, así como de servicios de inyectables, radiofrecuencia, estimulación muscular dinámica, etc.

Nuestros servicios están agrupados mediante las siguientes clasificaciones:

- faciales,
- inyectables,
- láser,
- *IV Therapy*.

Conoce más sobre los servicios de Medilight Center aquí:

Tu menú de servicios ha de ser atractivo tanto por el contenido como por el diseño. Incluye servicios que demanden tu clientela y aquellos que quieres promocionar o que son tu especialidad. Combina algunos de ellos en paquetes, de acuerdo con la edad de tu público. Dales nombres atractivos, pero que no sean tan rebuscados que no comuniquen. Haz una breve descripción del servicio y del beneficio que ese tratamiento o plan le proporcionará a tu cliente.

Evaluación facial en siete pasos, la clave de tu negocio
...Habla Nathaly:

En mis clases, siempre les digo a mis alumnas de la academia que lo más importante es la evaluación facial para detectar las características y necesidades de la piel y, en consecuencia, establecer el protocolo correcto de manera personalizada. Cada paciente es único y nuestros servicios deben dar resultados. Su visita al *spa*, aparte de gratificante y relajante, debe ser una experiencia efectiva.

Un diagnóstico facial es un examen de la piel desde la epidermis hasta la dermis, es decir, desde la superficie hasta la capa más interna. Valiéndonos de tecnología y equipos de última generación, podemos detectar afecciones profundas y elegir el tratamiento que ofrezca mejores beneficios.

Para mis alumnas, he desarrollado un protocolo de **EVALUACIÓN FACIAL EN SIETE PASOS,** creado inicialmente para Medilight. A lo largo de este protocolo, brindó orientación y consejos sobre el recibimiento y primer contacto verbal con el paciente, su historial médico y expectativas. Explico la realización del examen visual y táctil, el uso del analizador de piel y, finalmente, abordamos el diagnóstico al paciente antes de elaborar su plan de tratamiento.

Ser esteticista no solo consiste en aplicar tratamientos no quirúrgicos. Con un buen diagnóstico, aprenderás a potenciarlos cuando lo usas según las necesidades de tu paciente. Al crear un plan de tratamiento que le proporcione resultados evidentes, habrás ganado la fidelidad de un paciente que te recomendará a sus familiares y amigos, y que volverá por otro tipo de servicio corporal o facial.

La importancia de la evaluación facial es que te permite crear un plan de tratamiento, es como un contrato entre tu paciente y tú, dónde le vas a decir cuáles son los tratamientos que necesita para poder lograr su objetivo de verse y sentirse mejor. Estos pasos te van a permitir fidelizar al paciente a tu cabina, demostrándo que tus tratamientos son efectivos.

Además de la evaluación facial, te recomendamos que lleves un registro fotográfico de tu paciente, esto te permitirá poder enseñarle cómo va evolucionando su piel con los tratamientos.

Es importante que cuentes con un sistema que te permite añadir las fotos de tu paciente en su historia; nosotros contamos con un sistema digital para todo lo relacionado a la ficha médica del paciente, detallando los tratamientos que se realizó desde el día 1 en el *spa*, para visualizar si lo que estamos implementando es efectivo para la mejoría que necesitamos, o se debe hacer alguna corrección eliminando o añadiendo protocolos a su Plan de Tratamiento.

Una vez hayas alcanzado los objetivos de la evaluación inicial, te recomiendo comenzar a elaborar un plan de mantenimiento que haga que el resultado obtenido perdure en el tiempo; recuerda que el envejecimiento es todos los días y para que tu paciente pueda lucir una piel hermosa y joven debe ser constante y disciplinado.

Muchos pacientes no son conscientes de esto, por lo tanto es tu deber como profesional explicarle la importancia de tener sesiones de mantenimiento para que perduren los resultados obtenidos; aprovecha este tiempo para recomendarle tratamientos para el cuidado en casa que son de suma importancia, debido que no solo te van a ayudar a que tu trabajo en cabina tenga potencial, si no también que el paciente tenga una piel radiante y protegida, una piel que se cuida es mucho más fácil de reparar en cabina y hacer que luzca joven por más tiempo.

Además los planes de mantenimiento te permiten tener a tu paciente siempre visitando el *spa*, y tener la agenda llena; eso es lo que buscamos, aumentar la recurrencia de los pacientes que ya confían en nosotros y que ya saben que nuestros tratamientos son efectivos, esto hace que el paciente se fidelice, generando recurrencia en el *spa*. Al tener recurrencia vas a necesitar buscar menos pacientes nuevos porque tu agenda se va a ir llenando.

La recurrencia es el secreto del éxito.

Más adelante hablaremos de un capítulo sobre los tratamientos que puedes ofrecerle a tu paciente para el cuidado en casa.

Otro aspecto muy importante de tener todo documentado en la ficha del paciente es que si tiene alguna complicación, alguna reacción alérgica, vas poder ir a su historia y buscar inmediatamente qué fue lo que hiciste, de esta manera podrás solucionar cualquier problema; además vas a tener una guía de qué era lo primero que tenía que hacerle, cuál era el tratamiento siguiente. Cuando ya tienes un gran volumen de pacientes, es imposible recordar los planes de tratamiento de cada uno, por eso es vital que lleves todo bien documentado de forma específica, para que puedas tener claridad al momento de atenderlos.

Otro punto de valor con el historial de pacientes es que te sirve para que puedas medir cuál es el tratamiento más popular, más efectivo y que nuevos servicios puedes agregar según las necesidades de tus pacientes. La innovación es lo que te va a permitirte mantenerte siempre en vigencia y actualizada, ofreciendo nuevas opciones de belleza y rejuvenecimiento.

Cómo recomendación final en este punto, quiero recordarte que trabajes las expectativas de tus pacientes y que no existe un solo tratamiento para lograr un objetivo, el éxito es combinar varias tecnologías y varios tratamientos. Ningún paciente es igual al otro, por eso es que cada plan de tratamiento debe ser hecho de manera individual según las necesidades de cada uno.

Puedes tener la guía de evaluación de 7 pasos escaneando el siguiente código QR.

Analizando a la competencia

Ha llegado el momento de averiguar qué está haciendo tu competencia real, esto es, aquella que ofrezca los mismos o la mayoría de los servicios que tú. No todo *spa* está necesariamente rivalizando con el tuyo, por ello debes identificarlo con claridad. Esta observación puede beneficiar a tu negocio, llevarte a conocerlo mejor y ayudarlo a crecer.

De manera resumida, podemos decir que el análisis de la competencia es un estudio de las fortalezas y debilidades de los competidores, vistos a través de los ojos del cliente potencial. Te ayudará a determinar si compartes el mismo público objetivo, te dará pistas para tu estrategia comercial, de contenido, de atención al cliente y tendrás más claro cómo diferenciarte del resto.

- Mira a tu alrededor. Detecta dónde se ubican tus competidores reales, aquellos que sean muy similares a tu negocio y que estén ubicados cerca de ti.
- Ponte en los zapatos y en la mentalidad del cliente. Visita la competencia. Examina el espacio, la distribución, la decoración y su menú de servicios y productos. Hazte alguno de sus tratamientos. Registra sus fortalezas y sus debilidades. ¿Cómo reciben y atienden al cliente? ¿Cómo te sentiste y cuáles fueron los resultados del protocolo que te aplicaron? ¿Qué aprendiste y qué puedes hacer mejor que ellos? ¿Qué tienen ellos que tú no tengas? ¿Qué tienes tú que no tengan ellos y cuál es tu especialidad?
- Precios. ¿Cuánto cobran tus competidores y cuál es la relación calidad-precio de sus productos y servicios? ¿Cuáles son los métodos o facilidades de pago? Si bien el costo de los servicios de la competencia debe ser una referencia para ti, esto no debe obligarte a entrar en una guerra de precios. Tus servicios deben estar basados en la calidad, en la preparación de tu recurso humano, en los protocolos correctos, en el uso de equipos y en los resultados comprobables que le proveas al cliente; por eso, debes esforzarte en comunicar tus fortalezas o tu especialidad y mostrar eficiencia. El cliente no necesariamente busca precios económicos, quiere soluciones de inmediato o a corto plazo y allí debe estar tu valor agregado. El cliente se queda con quien le proporcione la mejor experiencia y le cumpla con lo que ofrece; de lo contrario, se va a otro *spa*.

- *Marketing*. Navega por la página web de la competencia, ingresa a sus redes sociales. ¿Qué tipo de información ofrecen, cómo la ordenan? ¿Cómo interactúan con el cliente? ¿Tienen reseñas o testimonios de usuarios? ¿Tienen un blog? ¿Actualizan la información? ¿Cuál es su eslogan y sus campañas? ¿Cómo es el diseño y cómo utilizan sus colores de marca? ¿Cuál es el *call to action* o llamada a la acción hacia el cliente? ¿Qué hacen bien y qué es deficitario? ¿Cómo puedes ser mejor?

- Haz un cuadro comparativo con la información que has recopilado e incluye a tu empresa. ¿Cómo te posicionas en relación con tu competencia? ¿Cuáles son tus fortalezas y debilidades? ¿Qué puedes aplicar tú también? ¿Qué debes actualizar, cambiar o mejorar? Recuerda: afianzate en tus fortalezas o especialidades y en comunicarlas a tu potencial cliente: ese es tu valor agregado y diferenciador.

"La principal promoción de tu negocio eres TÚ, que tu piel refleje lo que es tu negocio"

Niurka Gómez

MEDILIGHT

CAPÍTULO IV
Marketing, ideas y estrategias

Ya estamos próximos a culminar nuestro recorrido hacia la apertura de tu *spa* o *medspa*. Sin embargo, todo lo visto hasta ahora no es suficiente si quieres traspasar la línea de meta, esto es, si quieres mantenerte e ir creciendo gradualmente. Para ello, además de un excelente servicio y atención, debes desarrollar un plan de mercadeo, popularmente referido como plan de *marketing*.

El *marketing* es la disciplina estratégica que te posibilitará atraer, retener y fidelizar a tus clientes objetivos a través de la satisfacción de sus deseos o necesidades y la resolución efectiva de sus problemas. En otras palabras, es la herramienta para potenciar la generación de ingresos, dar a conocer tu marca, atraer consumidores, competir y proyectar la rentabilidad de tu negocio. Eso sí, de una vez te digo que el *marketing* no da resultados instantáneos, sus efectos son progresivos, por lo que lo más importante es la constancia, la disciplina y la permanencia.

Detrás de un *marketing* exitoso hay investigación de mercado, análisis y comprensión de los intereses de tu público objetivo, y creatividad para hacerse notar entre tanta competencia Esto me lleva a repetir como un mantra lo que he dicho en otras oportunidades: *necesitas conocer tu negocio*. Esta recomendación es nuevamente la más importante que te puedo dar sobre este tema. El *marketing* es una tarea que no puedes llevar adelante exitosamente o delegar en un personal externo si primero no tienes clara la identidad de tu emprendimiento y la descripción de tus clientes ideales o *buyer persona*, materia de la cual ya hemos hablado.

Últimamente el *marketing* ha evolucionado mucho y ahora la gran mayoría de las empresas hacen la promoción de sus productos o servicios a través de internet. Por fortuna, cada vez es más fácil llevar a cabo una buena publicidad en canales o plataformas *online*.

Plataformas, redes y aplicaciones

Empecemos por conocer las herramientas que te ayudarán a hacer que el negocio esté organizado desde las citas, control de ventas y *marketing*. Estos *softwares* te simplificarán la vida y podrás avanzar en otros aspectos mientras puedes consultar cuáles son las citas de la semana o las ventas del mes. Te ayudarán a llevar el control de tus inventarios de productos de cuidado o poder mirar el servicio más demandado.

SOFTWARE DE MANEJO DE *SPA*:

Versum: https://www.versum.com/m/es/ es un *software* amigable y de fácil uso: puedes manejar citas, mensajería de texto, manejo de personal y cierre diario de caja. Desventaja: no incluye punto de venta, es decir, necesitas una plataforma de cobro(clover, square, entre otras) o cualquier otra plataforma para cobrar con tarjeta de crédito (TDC).

Vagaro: https://www.vagaro.com/. Cuenta con funcionalidades similares a Versum, tiene punto de venta y la posibilidad de cargar consentimientos y fotos.

Square: https://squareup.com/us/. Tiene funcionalidades similares a Versum; también tiene punto de venta, pero no puedes cargar fotos ni consentimientos.

Aesthetic Record: https://www.aestheticrecord.com/. Es el que usamos en Medilight. Es un programa especializado para *medspa*. No es lo más amigable para aprender, por lo que tendrás que dedicar tiempo a familiarizarte con la herramienta para poder aprovecharla. Sin embargo, integra todo lo que se necesita tener en una sola plataforma.

Hablemos de plataformas de *marketing*:

Entiendo que el *marketing* digital sea abrumador para algunos emprendedores porque en la actualidad son tantos los canales o plataformas disponibles que sienten que no tienen capacidad para cubrirlos todos.

Mi sugerencia cuando estás iniciando un negocio es que comiences con dos plataformas; sugiero Facebook e Instagram, poseen la mayor cantidad de usuarios a escala global y un amplio rango de edades. Los videos que hagas para estas plataformas les puedes dar luego más alcance al publicarlos en YouTube y TikTok.

Es fundamental abrir una cuenta en Google My Business. Es una herramienta gratuita, muy sencilla y poderosa que lleva a gestionar la presencia de tu negocio en internet. Le dará mayor visibilidad y tus clientes podrán encontrarte sin esfuerzo. A través de un único panel debes proporcionar información de tu negocio, contacto, ubicación, horarios, etc. Puedes visitar tu perfil en cualquier momento para ediciones o actualizaciones, ver cuántos usuarios han visitado tu ficha o han hecho clic en ella, leer las reseñas (*reviews*) de tus clientes y conocer las valoraciones con el sistema de estrellas. Es indispensable para un emprendedor, y si lo anterior no te convence, te cuento que hay estadísticas que indican que el 83% de los usuarios de internet usa Google como su buscador predeterminado.

A medida que tu negocio vaya creciendo, puedes ir ampliando tu presencia en la red. Podrías anunciar en Facebook Ads o participar en otros canales digitales, pero siempre teniendo en mente tu *buyer* persona porque, como sabes, hay públicos para diferentes plataformas. Otra herramienta digital muy recomendable es el blog. Allí puedes colgar material informativo descargable, novedoso y actualizado sobre, por ejemplo, la penetración de los activos a través de los tratamientos en cabina o sobre nuevos protocolos, y publicar sus enlaces en tus redes. A pesar de que tengas presencia en otros canales, no descartes en un futuro montar tu portal web. Siempre es necesaria la página web, dado que generan una percepción de que eres profesional, los clientes esperan que las empresas formales tengan un sitio web, y da pie a mayores opciones para mostrar tus productos y servicios, entre otras ventajas.

Una aplicación muy usada en EE.UU. es Yelp, en la que los usuarios pueden encontrar todo tipo de establecimientos en la urbanización o ciudad en que se hallen, comentar sus experiencias y darle una puntuación. Tiene similitudes con Google My Business, pero una de sus diferencias es que Yelp es contra reembolso a partir del mes de registro si quieres mantener la cuenta activa.

Por otro lado WhatsApp Business es la mejor herramienta gratis para mercadear tu negocio. Crea un perfil profesional y haz una descripción clara de tus servicios. Puedes crear listas para compartir tus promociones, actualizar los estados con antes y después, promociones, *tips* e información que enganche la atención,

Creación de Contenido:

Tus cuentas en las redes sociales deben ir más allá de la estética y los colores bonitos. Comunícate y crea contenido a través de textos informativos que sean útiles, novedosos y actualizados, e imágenes y videos que generen interacciones con quienes te visitan de manera virtual. De esa forma, podrás hacer que la gente diga "yo quiero más información", "yo quiero hacerme ese tratamiento" y que pasen a la acción al pedirte una cita. Cuando haces que el cliente interactúe es porque has dado en el punto exacto de tu estrategia de *marketing*. Te puedes apoyar en herramientas de inteligencia artificial como Chat GPT, entre otras, y, así, tener listos tus contenidos con antelación.

Te sugiero dedicar un par de horas a la semana que te permita tener el contenido de una a dos semanas por adelantado, eso te permitirá planificar y organizar lo que estarás publicando. Recuerda tomar fotos con resultados, videos cuando estás haciendo tus tratamientos, pedir testimonios. La generación de contenidos es tu responsabilidad, y es el insumo para que el *community manager* pueda hacer su trabajo.

Aplicaciones para manejo de redes sociales:

Hemos dicho que mantener las redes con contenido actualizado y renovado periódicamente es importante, pues publicar de manera inconstante no llevará a obtener los resultados que te den crecimiento. En la etapa inicial de tu negocio, es probable que seas tú la persona que gestione las redes sociales. Te comparto mis *tops*:

- Canva, es una aplicación de diseño gráfico muy útil y conocida la cual puedes descargar en una versión básica y

gratuita, pero suficientemente atractiva y versátil para que des tus primeros pasos. Puedes usarla en tu computadora o teléfono inteligente para la creación de diferentes tipos de arte y publicaciones.
- CapCut: Ideal para hacer videos, tiene versión gratuita.
- Metricool: Me encanta programar publicaciones, está que sirve para programar en Facebook y tiene una versión gratuita.
- Mailchimp: Es una plataforma para enviar *e-mails*, posee una versión gratuita. Para una etapa más avanzada, te sugiero Brevo, de Sendinblue, que es una plataforma completa de *marketing*, mensajería y CRM (Customer Relationship Management o gestión de relación con los clientes). Es la que usamos en Medilight.

Estrategias de *marketing* del día a día, que no requieren de nadie para ser aplicadas; solo de ti

El boca a boca (*word of mouth*):

Podemos decir que es la manifestación publicitaria más antigua, sencilla y económica. Solamente imaginemos aquella primera recomendación que en tiempos remotos un habitante de un poblado le hizo a un familiar sobre un producto que adquirió a un mercader de la aldea. Ese promotor involuntario no alcanzaría a imaginar que aún hoy el boca a boca es el fundamento del *marketing*.

- Hay que estimular el boca a boca en cualquier momento, compartiendo, iniciando conversaciones para hacer que se hable de tu marca, de tus productos o servicios, bien sea a través de una estrategia o a través de tus clientes, pero si esa comunicación oral no está fundamentada en una buena experiencia y en resultados efectivos para el usuario, estarás perdiendo tiempo y recursos. A la larga, tus planes se desplomarán por sí solos porque los clientes se expresarán mal de tu negocio, y un mal comentario puede ser muy dañino.

> ESTADÍSTICA: un cliente satisfecho comparte con 6 a 8 personas su resultado. Un cliente insatisfecho comparte con 20 personas su mala experiencia.

- **Caminar, hablar y contar.** Es una técnica que utilizo todo el tiempo. Por donde yo voy pasando busco espacios para conversar sobre cómo mejorar la apariencia de la piel, mejorar la flacidez, las manchas, etc. Lo más importante de esta estrategia es la manera como tú te ves, en otras palabras, debes ser coherente. Es decir, nos convertimos en la primera imagen de nuestro negocio, nuestra piel tiene que estar en las mejores condiciones. Es una inversión que bien vale la pena hacer, puesto que si tú luces bien, con una piel hidratada, y con *glow* o con apariencia radiante, tus pacientes confiarán en ti y en tus recomendaciones.

- **Atención y servicio al cliente.** Una atención de calidad motiva a que se hable bien de ti, pide que escriban reseñas en las redes sociales, Google My Business o en tu *website*. Recuerda que todo lo que genere una experiencia positiva, crea conexión y eso, a su vez, da pie a un buen comentario de tu paciente a familiares, amigos o compañeros de trabajo. El objetivo es que tu paciente sea tu agente de publicidad y que te refiera a otros pacientes. Cuida los detalles para que esto se dé de manera natural en cada paciente atendido.

- **Pedir clientes referidos.** Si tu servicio es de calidad y sabes que tu paciente estará encantado de ayudarte, incentiva el hecho de que por cada tres referidos, le des un descuento o un servicio adicional a su servicio agendado. Esto te ayudará a agrandar tu lista de prospectos y potenciales pacientes a un costo muy bajo.

Importancia del presupuesto de *marketing*:

Ya en las labores anteriores a la apertura del *spa* debes haber establecido un presupuesto de inversión en *marketing* para ejecutarlo a corto o a mediano plazo, aunque seas tú la persona que se encargue de las redes durante el comienzo del negocio.

Supongamos este caso: tú vas a abrir tu cabina y eres muy afortunado, porque aun antes de inaugurar tu servicio, ya cuentas con el respaldo de algunos clientes que posiblemente te van a referir a otros clientes, y eso te permitirá un buen inicio. Al cabo de un tiempo, notarás que estás estancada, que no tienes estabilidad, que no creces. Ahora caes en cuenta de que es insuficiente, que debes atraer a más personas y entonces es cuando recurres al *marketing*, pero habiendo perdido un tiempo muy valioso que pone en riesgo el negocio.

Es importante actuar con previsión y comprender que, incluso en el escenario más favorable, el *marketing* es necesario. Es la herramienta para proveerte de proyección y rentabilidad. Por ello, debes asignarle un presupuesto con antelación al comienzo de tus actividades, pero ¡atención!: hay que manejarlo con criterio y tenerlo bajo control; no es un chorro abierto. La idea es que la inversión vaya aumentando paulatinamente a medida que prósperas. En Medilight Med Spa & Laser, el *marketing* ha sido un aliado desde el primer día.

A medida que vaya aumentando la clientela, la responsabilidad de las redes se te hará más pesada y deberás contratar los servicios de un tercero, bien sea un gestor de redes (*community manager*) o una agencia especializada. Debido a la popularización del *marketing* digital, se ha generado una oferta a precios competitivos entre quienes gestionan las redes sociales, bien sean oficinas, bien sean profesionales de forma independiente.

- Al contratar este servicio, ten presente que:
  - El gestor de redes o *community manager* ha de ser una persona curiosa, que le guste investigar y aprender diferentes tópicos.
  - Verifica su experiencia de trabajo en el área.
  - Ve que utilice programas o aplicaciones de diseño, publicación de contenido y producción de videos, a fin de que te ahorres la contratación de un diseñador gráfico, sobre todo en la primera etapa.
- Contrata espacios de publicidad en Facebook Ads. Usando esta plataforma de anuncios, también puedes publicar en Instagram, Audience Network y Messenger. Asignar una partida de un mínimo de entre 300 y 500 dólares al mes.
- Permanece atento al movimiento de tu negocio, al retorno de la inversión y, si es necesario, incrementar el presupuesto.

Promociones:

Para el día en que abras las puertas de tu negocio, lo ideal es debutar con un paquete promocional de apertura que tenga precios atractivos. No tienen que ser descuentos; pueden ser paquetes con algún servicio complementario.

- Identifica los servicios de mayor demanda y combínalos con alguno que sepas que proporciona buenos resultados y que sea a bajo costo. Esto, a su vez, te ayudará a hacer recomendaciones de tratamientos complementarios o adicionales. Si tú haces solamente faciales, no tendrás muchas opciones, pero puedes recomendar una mascarilla o una vitamina adicional. Si tu menú es más amplio, puedes aconsejar el *dermapen*, el *fibroblast*, la microfusión o la mesoterapia. ¿Ves la importancia de tener variedad de tratamientos en tu carta de servicios? Eso te permitirá crecer.

- Si estás en un *medspa*, vas a tener más alternativas para sugerir al paciente en cabina. Entre ellas, se destaca el bótox, que goza de una gran demanda y que se encuentra en constante crecimiento. Aprovecho para comentarte que los laboratorios entregan gratuitamente a sus clientes varias unidades del producto para que los *medspas* hagan considerables pedidos a lo largo de cierto tiempo. Ese inventario adicional que no te cuesta nada y que ayuda a bajar costos es lógicamente otra oportunidad para usar en tus campañas de *marketing*.

- Publicita tus promociones u otras novedades de tu negocio a través de tus cuentas de redes sociales y en otros medios digitales que estén a tu alcance. Además de tus redes sociales, puedes hacerlo en los estados de WhatsApp del número del local; por medio de las hojas informativas digitales o impresas que comentamos antes y en tu directorio de clientes o *e-mail marketing*.

- Te invito a tener promociones constantemente; si es posible cada mes o cada mes y medio. Asimismo, hay fechas importantes durante el año que ya están marcadas para campañas promocionales; de hecho, los clientes las esperan.

Marketing de *influencers*, celebridades y *microinfluencers*:

Hoy en día es muy popular entre las empresas contratar a personas con cierta credibilidad sobre un tema en particular y que tienen numerosos seguidores en los canales digitales y redes sociales e influyen sobre su audiencia. Por ello, sus menciones o recomendaciones de productos o servicios pueden atraer o conquistar nuevos clientes para tu negocio.

Basándonos en nuestra experiencia, tienes que saber de antemano que un *influencer* con millones de seguidores no te garantiza millones de clientes. ¿Por qué? Pues porque todos esos seguidores no necesariamente están localizados en tu ciudad; la mayoría o muchos de ellos pueden estar dispersos alrededor del mundo. Un altísimo número de seguidores puede generar una alta expectativa que luego se transforma en desilusión cuando llegan los bajos resultados. También se da el caso de celebridades muy conocidas, como modelos, *misses*, animadoras, etc., que tal vez no te proporcionen muchos clientes, pero le confieren validación a tu marca al usar tus servicios. Esta es una opción a considerar para etapas más avanzadas en el desarrollo de tu negocio.

Por otro lado, están los blogueros (*bloggers*) o *microinfluencers* más locales, con menos seguidores, pero más efectivos. Para un *spa* o *medspa*, los que se dedican a temas como estilos de vida, moda y belleza pueden dar un buen empuje al negocio. Para seleccionar a uno de ellos, fíjate en que tenga más de 50.000 seguidores, evalúa que la interacción con su público sea dinámica y constante, y que tengan miles de "me gusta" o *likes*, comentarios e interacción.

Cuando vayas a negociar con un *influencer*, bloguero o *microinfluencer*, ten muy claro qué es lo que quieren, qué esperan de ti. Básicamente, puedes contratarlos mediante dos maneras: a) pagándoles por sus servicios o b) por intercambio, es decir, tú les pagas con tratamientos de tu *spa* o *medspa*.

Evalúa bien estas opciones y úsalas, según lo que te convenga.

Reseñas (*reviews*):

Los comentarios o reseñas de tus clientes, además del boca a boca, le van a dar la confianza suficiente a tu prospecto para que pase a la acción y solicite una cita o mayor información sobre tus servicios. En EE.UU., una buena o mala reseña es algo crucial porque un alto porcentaje de consumidores toma sus decisiones basándose en las reacciones de los usuarios de productos y servicios.

Páginas atrás comentábamos que el fundamento de tu negocio y de tu *marketing* es la excelente atención y servicio, este es el incentivo básico que tiene el cliente para escribir una buena reseña. Quien no se esmera en atender al cliente no puede esperar buenos comentarios ni tampoco pedirlos. Pero hay clientes que, aun estando muy contentos, pueden procrastinar la escritura de la reseña y, finalmente, no la hacen por miles de razones. ¿Qué hacer?

- Envía un mensaje de agradecimiento —por haberte seleccionado— a los que salen de cabina diciendo que están muy satisfechos con tu servicio, y motívelos a que te den un buen *review* a través del *link* de tu cuenta.
- Pídeles sus datos para que vayas conformando tu directorio de clientes.
- Como todo acto humano, no somos perfectos ni todo el mundo es bienintencionado. Si recibes una mala reseña y sabes que ciertamente has cometido un error, debes contestar y asumir tu responsabilidad. Atiende el caso, pide disculpas y ofrece una compensación a través de un servicio gratuito, de tal manera que incentive a la persona a volver al negocio. Si se trata de un comentario malicioso o que falta a la verdad, respóndele y expresa tu punto de vista.

Otras acciones para tu estrategia

- Produce hojas informativas (*flyers*) de tus servicios tanto de manera digital, para colgar en tus redes, como de manera impresa, para clientes o potenciales clientes que se acerquen a tu sede.
- Crea alianzas con otros establecimientos de belleza como un *spa* de masajes, de pestañas y cejas, con peluquerías, etc., de tal manera que ambos negocios se remitan clientes mutuamente.
- Organiza una base de datos que te servirá para crear un directorio de clientes y para interactuar con ellos como parte de tu estrategia de *marketing* por correo electrónico (*e-mail marketing*) para hacer tus promociones.

- Premia a los clientes que lleven nuevos clientes a tu negocio (referidos). Maneja las opciones de concederles un descuento adicional o de agregarles un servicio gratuito en su próximo tratamiento. Saca tus cuentas y negocia. La gente ama ese tipo de incentivos.

- Participa en eventos de tu comunidad, bazares y exposiciones, en los que compartas tus servicios. Llévate tarjetas de presentación, *flyers*, *banners* y, sobre todo, tu teléfono inteligente o tu *tablet* con fotos de antes y después de los tratamientos que muestran los resultados de tus servicios.

"Ser honesto con los pacientes te hará ganar su respeto y confianza"

Nathaly Gerbino

MEDILIGHT

CAPÍTULO V

¿Cómo potenciar la rentabilidad de tu cabina con los tratamientos para la casa?

Para completar el ciclo de tratamiento, el paciente debe cuidarse en casa, y las recomendaciones que le ofrecemos para ese cuidado es un factor clave para el éxito de tu protocolo y para el negocio. A diario, conversamos con profesionales de la belleza, y en todos los casos el mayor reto es la selección de líneas y productos que nos aportan excelentes resultados. Cuando revisamos qué recomiendan, vemos que sugieren productos de farmacia por no contar con presupuesto o una marca que les de soporte. Lo ideal es que identifiques marcas que le den resultados a los pacientes, de esta forma le das la posibilidad de continuar con su tratamiento y generas un ingreso extra en tu facturación.

Recomendar una rutina general de cuidados de la piel a tus clientes impactará tu rentabilidad positivamente.

Recomendar a tu paciente una rutina general de cuidados en la piel para la casa es de gran importancia. Enseñar a tu paciente a que cuidarse el rostro tanto en la mañana como en la noche es fundamental, así como tu paciente se lava los dientes tres veces al día, debe dedicarle estos dos momentos para cuidar su piel si quiere decir lucir una piel sana y porcelanizada, y va ayudar a potenciar los resultados de los tratamientos que realizamos en cabina y por otro lado te generará ingresos extra.

Muchas esteticistas desprecian o no le dan importancia necesaria al recomendar y tener una línea que puedan vender en la cabina y esto es totalmente erróneo. El recomendar productos para la casa aumentará tu *ticket* diario del paciente, ya que no tendrá la necesidad de comprar estos tratamientos para cuidarse en la casa, es mucho mejor que siempre tengas en tu cabina o en respaldo los productos para que se los puedan recomendar y el paciente salga de una vez con ellos y así le sea más fácil. Además que si le recomiendas productos bien sea de la farmacia o de alguna tienda muchas veces no los encontrarán o les dará fastidio ir a comprarlos y no seguirán esta rutina que es importante.

Por otro lado, los ingresos de tu facturación diaria van a aumentar, y mensualmente vas a ver que la suma que generas por vender productos de cuidado en la casa no es para nada despreciable.

Por ejemplo, una rutina básica tiene un costo de $300 donde incluyas tu limpiador, tónico, producto de mañana y noche, etc... De esos $300 tu ganancia es el 30%, entonces vienen siendo $90

Si le hiciste un facial a tu paciente de $150 y adicional le vendes $90 en productos para la casa, ya tu ingreso dejó de ser de $150 y ahora va a ser de $240. En otro caso de ejemplo, a cada paciente le logras vender $200 en productos para la casa, tu ganancia serían de $60. Si ves tres pacientes al día son $180 al día, por seis días a la semana serían $1080 por cuatro días del mes, estamos hablando de casi $5.000 adicionales mensuales solamente en productos para la casa.

Ejemplo de venta de productos:

Total venta productos a un paciente	Total ganancia estimada 30%	Total ingresos estimado 3 pacientes diarios con venta de productos	Total ingresos estimado a la semana
$200	$60	180$	$1080

No solamente vas a tener ingresos adicionales al mes, sino que también los resultados de los tratamientos se potencian al seguir el cuidado en casa.

Te recomiendo que tengas material educativo en tu cabina. Esto va a ser un regalo muy especial, que muy pocas esteticistas hacen. En esta ficha puedes incluir:

Una frase inspiradora que te identifique a ti como esteticista, algo así como tu eslogan de belleza, la importancia de la rutina facial, los pasos por seguir y la fecha de tu próxima visita.

Ten por seguro que estarás presente, todos los días de su vida y en la medida en que vean cómo reacciona la piel. ¡No dudes que vendrán a visitarte una vez al mes!

¡Tener una rutina en casa de cuidado facial es el complemento de lo que tu paciente recibe en cabina!

Cómo bien sabes, la piel es el órgano más grande del cuerpo. Durante el día la piel de nuestro cuerpo y rostro ofrece una barrera protectora contra las agresiones del medio ambiente, es por ello que es importante realizar una rutina todas las mañanas antes de maquillarnos.

Si tú logras que tus clientes entiendan eso, tendrás unos clientes satisfechos y felices que te recomendarán donde quiera que vayan.

Te presento un ejemplo de rutina facial que les puedes recomendar a tus clientes.

Rutina de día
Limpiar

Algo que es muy importante es enseñar a nuestro paciente a limpiar la piel al despertar, eliminando las cremas que colocamos durante la noche. Cuando hacemos el tratamiento anti envejecimiento por la noche, recomendamos cremas que por lo general tienen alfa hidroxiácidos o ácido retinoico y es contraproducente que se expongan a la luz del sol, por eso es tan importante realizar la limpieza facial al iniciar el día.

Además las cremas del día van a ayudar a preparar la piel para el maquillaje y al mismo tiempo garantizan que la piel se mantenga hidratada y lista para defenderse de las agresiones del medio ambiente.

Tonificar

Los tónicos están elaborados a base de diferentes principios activos con muchos beneficios. Lo ideal es que en la mañana ayuden a restablecer el pH de la piel, cierren los poros e incluso hay algunos que pueden hidratar las pieles maduras o muy secas. Es ideal para preparar la piel antes de maquillarla.

Contorno de ojos

Se recomienda usar una crema específica para esta zona del rostro, debido a que en esta, la piel es más fina y las partículas de los productos deben ser más adecuadas para que penetren; de lo contrario, permanecerán solo en la superficie. Se debe aplicar justo antes de la crema hidratante.

Crema hidratante de día

Se recomienda aplicar una crema hidratante (adecuada para cada tipo de piel) en una capa ligera sobre la piel para una hidratación duradera durante todo el día. Es muy importante que uses cremas para el día, debido a que estas son más ligeras.

Protector solar

Proteger la piel a diario de los rayos UVB, UVA y luz azul evitará el desarrollo de manchas oscuras, arrugas y líneas de expresión. Es la forma más fácil y efectiva de prevenir el envejecimiento y las enfermedades. Enséñale a tu paciente que el protector solar es el mejor tratamiento anti envejecimiento que existe (porque el daño del sol es acumulativo y no reversible), también a colocar el protector solar después de aplicar la crema hidratante todas las mañanas y antes de maquillarse; y luego retocar cada tres horas.

Si la persona le gusta maquillarse, te recomiendo que le mandes a tu paciente un protector solar en polvo, en Medilight contamos con una magnífica opción de base mineral, con factor de protección 50, no comedogénico, *cruelty free* y de muy fácil aplicación; es un polvo suelto traslúcido apto para cualquier tono de piel, tu paciente lo puede utilizar a lo largo del día, específicamente cada tres horas. De esta manera también estará retocando el maquillaje, lucirá espléndida y sobre todo bien protegida contra los años del Sol.

Rutina de noche

Así como la piel ofrece una barrera protectora durante el día, en la noche cuando dormimos la piel se regenera y se auto repara, por eso es que debemos enseñar a nuestros pacientes que esta es la parte más importante para mantener una buena salud en la piel. No debe olvidarse de su rutina en la noche y debe evitar en lo posible dormir con maquillaje.

Desmaquillar y limpiar

El maquillaje no deja de ser una barrera para la piel, así que es muy importante retirarlo antes de dormir. Se sugiere seleccionar un desmaquillante bifásico (a base de aceite y agua), ya que esto servirá para eliminar cualquier tipo de maquillaje, y luego se puede recomendar usar un limpiador para quitar las impurezas restantes de la piel.

Después de desmaquillar la piel por la noche es muy importante lavar con jabón neutro, un gel si la piel es grasa para que puedas terminar de limpiar cualquier exceso o resto de maquillaje o impurezas que quede en la piel.

Exfoliar

Una vez a la semana hay que usar un exfoliante para remover las células muertas de la piel que bloquean los poros y evitan la absorción de productos.

Tonificar

De la misma manera que en la mañana, se debe aplicar un tónico para equilibrar los niveles de pH de la piel.

Mascarilla facial

Es de suma importancia enseñar a nuestros pacientes a que durante la noche utilicen una mascarilla facial mínimo de una a dos veces por semana. Puede elegir un solo tipo de mascarilla o combinarlas. Por ejemplo, puedes ofrecerle a una persona de edad madura que se coloque un día una mascarilla hidratante y otro día una mascarilla antiedad, explícale que deben dejarla por un tiempo de 15 a 20 minutos y luego retirarla y continuar con todo lo que corresponde a la rutina de noche.

Sérum

El beneficio principal de mandarle a nuestros pacientes un serum por la noche es que va a actuar como un regenerador celular. Tenemos muchos tipos de serum y tu tarea está en recomendarle el que más le funcione a tu paciente según la afección que tenga.

En líneas generales el serum va a ser un regenerador a base de antioxidantes que van a ayudar a disminuir manchas, el proceso de envejecimiento, la firmeza, incluso ayudar con la hidratación.

Los serum es muy importante que sean aplicados durante la noche, ya que los principios activos de este son mucho más concentrados que los de la crema.

Contorno de ojos

El contorno de ojos es fundamental para la noche, ya que si tu paciente sufre de ojeras o de bolsas, es ideal que recomiendes un serum o un contorno de ojos específicos para tratar este problema. Este va a actuar durante toda la noche y en la mañana vas a notar una mejoría que a tu paciente le va a encantar.

En esta área la piel es muy fina, no la descuides y hazle énfasis a tu paciente que no olvide de tratarla, porque aquí es donde se notan los primeros síntomas de envejecimiento.

Crema hidratante de noche

Seleccionar una crema hidratante de noche es muy importante para la rutina de tu paciente, cuando recomienden una crema de noche piensa en el problema que tiene tu paciente: envejecimiento, manchas, exceso de grasa, piel reseca; elige una crema que ayude a reparar este daño que tiene la piel, recuerda que en las noches es cuando la piel se auto repara al colocarle una crema para la noche, le vas a dar de alguna manera, el combustible o la comida necesaria para que ella pueda ejercer esta función.

Recomendaciones de productos de cuidado en casa según la edad de tu paciente

20 años

A los 20 años, lo ideal es que empieces a cuidar esta piel realizando de manera frecuente, por lo menos mensual o bimensual, limpiezas de cutis. También puedes enseñar a tu paciente a que empiece a utilizar la radiofrecuencia una vez al año para empezar a mantener y prevenir los signos del envejecimiento. Si tu paciente toma mucho sol, es importante que una vez al año también hagas *peeling*, e incluir en su plan de tratamiento el dermapen con el plasma rico en plaquetas.

Ahora bien, ¿cómo vas a enseñar a este paciente a cuidar la piel? Básicamente va a necesitar una rutina de día y de noche.

Es importante que le enseñes a desmaquillar correctamente su rostro por las noches, luego lavarlo y aplicar los productos en la mañana, puedes recomendarle algún hidratante ligero seguido del protector solar. En la noche, después de que lave la piel, enséñala a exfoliar su rostro una vez a la semana, a utilizar mascarillas hidratantes dos veces a la semana y las cremas de noche.

Puedes elegir ingredientes activos que contengan vitamina C, alfa hidroxiácidos. También puedes elegir ingredientes hidratantes como el ácido hialurónico. No olvides recomendar un contorno de ojos, porque aquí es donde aparecen las primeras líneas de expresión.

Explicación de la rutina por recomendar:

Es un buen momento para empezar con una rutina para cuidar la piel en casa.

- Utiliza un limpiador para ayudar a eliminar las impurezas del día a día.
- Continúa con un tónico para dar a tu piel el pH ideal.
- Aplica hidratante para conservar una piel fresca y joven.
- El protector solar es clave.

30 años

A partir de los 30 años la piel empieza a perder la tersura y el aspecto luminoso que la caracterizaba en la época de los 20. La cantidad de fibras de elastina y colágeno empieza a disminuir, así como también se ralentiza la renovación celular. Es por ello que la piel puede tornarse un poco más seca y aparecen las primeras líneas de expresión, ya que comienza a disminuir la producción del ácido hialurónico. Todo esto hace que la piel empieza a perder elasticidad, volumen y firmeza.

Por ello, es importante que tengas estas tres palabras en mente a la hora de recomendarle una rutina facial a los pacientes que estén en este rango de edad: Reparar - Regenerar - Activar nuevamente lo que es la producción de colágeno, mejorar la hidratación de la piel y empezar a combatir los signos del envejecimiento.

En esta edad vas a conseguir una piel que pierde la capacidad de retener agua, con líneas de expresión que no van a estar marcadas, pero sí las vas a ver cuando el paciente haga movimientos faciales. Menos luminosidad y menos brillo y disminución de las fibras de elastina y colágeno. Los productos que la piel de 30 años necesita son para continuar con una buena rutina de limpieza facial tanto de día como de noche.

Una hidratación en el día preferiblemente con ácido hialurónico, y en la noche necesitamos aportar nutrientes para que la piel se auto repare y se regenere. Incluye cremas que le aporten *lifting* y firmeza a la piel, y por supuesto un contorno de ojos que no solamente contrarreste las ojeras o las bolsas en los ojos, sino que también aporte firmeza al orbicular de los ojos.

Explicación de la rutina por recomendar:

Continúa con tu rutina básica: limpiador, tónico, crema hidratante y protección solar como parte de tu cuidado diario, e incluye un producto que incremente la producción de colágeno y elastina para que te ayude a rellenar y a suavizar las líneas de expresión.

- Puedes incluir sérum con ingredientes específicos para la hidratación.
- El uso de los exfoliantes una vez a la semana es muy importante para que favorezca el aceleramiento del proceso de renovación celular.

- El uso de mascarillas te ayudará a darle una dosis concentrada de vitaminas a tu piel, en la que puedes variar entre mascarillas hidratantes y desintoxicantes.

- Usa un producto que contenga polihidroxiácidos (PHA) para contribuir a estimular la renovación celular y mejorar el aspecto de la piel.

40 años

Ya a partir de los 40 años es totalmente diferente aquí todo lo que empezó a ocurrir durante los 30 se hace cada vez más enfático.

Vamos a tener una piel donde se evidencia más la pérdida de elastina y firmeza, mayor sequedad y más flacidez. Además, vas a empezar a observar que esas líneas de expresión que antes eran solamente con los movimientos, ya empiezan a ser estáticas, es decir, que empiezan a quedarse marcadas en la piel.

Si tu paciente no se cuidó en los años anteriores del sol, van a aparecer manchas que con el día a día se van a hacer mucho más profundas y en algunas mujeres, ya hacia el final de esta década (entrando los 50) pueden aparecer lo que es conocido como el acné menopáusico. Así que aquí vamos a tener varios retos por solucionar.

Te recomiendo que antes de hacer la rutina de tu paciente, empecemos a evaluar cuáles son las necesidades específicas de este tipo de rostro. Ten en cuenta que aquí lo que tienes que reparar es:

- La pérdida de elastina y firmeza
- Mejorar la iluminación del rostro
- Textura
- Hidratación

- Reparar las líneas de expresión que ya empiezan a ser estáticas.

Los productos que debes recomendar a tu paciente de 40 años. Lo ideal es que sean productos que estimulen la firmeza de la piel y que ayuden a disminuir la profundidad de las líneas de expresión. Te recomiendo que incluyas productos que contienen también ácido retinoico que va a ayudar mucho con la firmeza, y si tu paciente ya presenta manchas, pues vas a tener que alternar con algún despigmentante. Sigue recomendándole su rutina de día y de noche. Es importante el uso del protector solar.

Aquí el cuidado no solamente debe extenderse al óvalo de la cara, sino que tienes que enseñarlo a cuidarse el cuello y el escote, que es donde se notan también los síntomas del envejecimiento. No olvides seguir recomendándole a tu paciente el uso del protector solar cada tres horas y a protegerse la piel cuando vaya a estar expuesto en la playa.

50 años

Si tu paciente llegó a los 50 años estamos en la etapa donde los niveles de colágeno y ácido hialurónico han disminuido considerablemente. Si tu paciente no se ha cuidado adecuadamente las líneas de expresión empiezan a ser mucho más profundas y puedes no solamente notar cómo ha perdido la firmeza el tercio inferior del rostro, sino también la papada, el cuello y los ojos. Así que tenemos que tratar todo de una manera muy integral.

Todos los cambios que pudimos evidenciar en los 40 aquí van a ser mucho más notorios. La piel va a estar más seca, las líneas de expresión van a estar más profundas, las manchas se van a ir notando mucho más. Por eso tenemos que enfocarnos. Si tu paciente se cuidó y fue un paciente constante durante sus años de juventud, pues va a llegar a esta etapa mucho mejor.

De lo contrario, pues te toca trabajar un poco más en la cabina.

La mayoría de las mujeres a partir de los 50 años debido a la menopausia, la piel empieza a perder la capacidad de retener agua y al mismo tiempo se vuelve mucho más fina. Por lo tanto, el sustento que tiene la piel no va a ser el mismo. Es importante que dentro de los cuidados o los productos de cuidado para la casa que recomiendes, tenga el ácido hialurónico que la va a mantener hidratada e iluminada. La crema nutritiva del día ya no puede ser tan ligera, pero sí que no sea grasosa.

Por la noche dependiendo de cómo esté la piel de tu paciente, necesitas cremas que aporten *lifting*, disminuye arrugas y las manchas faciales.

¿Cómo seleccionar los productos a recomendar?

Cómo te comentamos anteriormente, lo ideal es que identifiques marcas que le den resultados a los pacientes. En Medilight tenemos productos específicos de laboratorios Médicos, y encontramos una excelente opción, apalancados con los productos del Laboratorio Nu Skin®, que brinda resultados reales, favorece de manera significativa el tratamiento de los pacientes y nos proporciona una oportunidad de distribución, con ganancias que contribuyen a nuestro beneficio o *profit*.

¿Cómo capitalizamos esta relación comercial?

- Por medio de la venta de *retail* con recomendaciones de productos para que los clientes los usen en casa.
- Mediante potenciales consumidores en otros lugares adicionales a tu cabina.

- Por medio de invitaciones a otros colegas y de la réplica de lo propuesto en este libro.

¿Qué te proponemos?

Unirte al equipo y ser parte de la fuerza de profesionales de belleza alrededor del mundo que recomienda productos innovadores, con distribución internacional y con la posibilidad de crear un negocio tan grande como tu desees. El registro es GRATIS, te dejamos nuestro *link* de registro, navega la página, prueba algún producto según tu edad o necesidad :

Disfrutar de las ventajas tecnológicas que ofrece Nu Skin® (*website* sin costo, oficina virtual).

Aumentar la rentabilidad de tu práctica de estética con la venta de *retail* y al mayor.

Recomendaciones de productos para cuidados en casa según la edad de la Línea Nu Skin®

20 AÑOS: Productos recomendados para el cuidado en casa: Líneas recomendadas

Nutricentials® System Normal/Dry/Oily

Mascarillas
- Creamy Hydrating Masque
- Clay Pack
- Ultimate Waterfull Mask
- Epoch® Glacial Marine Mud
- Epoch® Blemish Treatment

Exfoliantes
- Polishing Peel Skin Refinisher
- Exfoliant Scrub

Protección
- Sunright® SPF 50
- Si tu cliente presenta la piel acneica, la recomendación es usar:
- Nu Skin Clear Action® Acne Medication System
- Nutricentials® Basic Oily morning and night moisturizing
- Sunright® 50 SPF

Mascarillas
- Clay Pack
- Epoch® Glacial Marine Mud
- Epoch® Blemish Treatment

Aparatos para la casa
- ageLOC® LumiSpa®
- Nu Skin® Facial Spa

30 AÑOS: Productos para el cuidado en casa:
Líneas recomendadas
- Nutricentials® System Normal/Dry/Oily

ageLOC® Elements System
ageLOC® Me Skin care System
Sunright® 50 SPF

Sérums recomendados

Tru Face® Revealing Gel
Tru Face® Line Corrector
ageLOC® Tru Face® Essence Ultra

Mascarillas

Creamy Hydrating Masque
Epoch® Glacial Marine Mud
Epoch® Blemish Treatment
Clay pack

Exfoliantes

Polishing Peel Skin Refinisher
Exfoliant Scrub

Aparatos para la casa

ageLOC® LumiSpa®
Nu Skin® Facial

Protección

Sunright® SPF 50

40 AÑOS: Productos para el cuidado en casa: Líneas recomendadas

Nutricentials® System Normal/Dry/Oily

Nu Skin 180°® Anti-Aging Skin Therapy System

ageLOC® Elements System

ageLOC® Tru Face® Essence Ultra Uplifting Cream

Sunright® 50 SPF

Sérums recomendados

Tru Face® Revealing Gel

ageLOC® Future Serum

Tru Face® Line Corrector

ageLOC® Tru Face® Essence Ultra

Mascarillas

Creamy Hydrating Masque

ageLOC® PowerMask

Clay pack

Face Lift with Activator

ageLOC® PowerMask

Exfoliantes

Polishing Peel Skin Refinisher

Exfoliant Scrub

Aparatos para la casa

ageLOC® LumiSpa®

Nu Skin® Facial

Protección

Sunright® SPF 50

50 AÑOS: Productos para el cuidado en casa : Líneas recomendadas

Nu Skin 180°® Anti-Aging Skin Therapy System
ageLOC® Tru Face® Essence Ultra Uplifting Cream
Sunright® 50 SPF

Sérums recomendados

Celtrex®
Tru Face ® Revealing Gel
ageLOC® Future Serum
Tru Face® Line Corrector
ageLOC® Tru Face® Essence Ultra

Mascarillas

Creamy Hydrating Masque
ageLOC® PowerMask
Face Lift with Activator

Exfoliantes

Polishing Peel Skin Refinisher
Exfoliant Scrub

Aparatos para la casa

ageLOC® LumiSpa®
Nu Skin® Facial

Protección

Sunright® 50 SPF

Mis esenciales de la línea de Nuskin, que nunca faltan en las casas de mis pacientes:

NaPCA Moisture Mist, es un agua termal qué contiene ácido hialurónico. Enséñale a tus pacientes que lo usen todo el tiempo, porque permite mantener la buena hidratación de la piel y regenerar (sobre con los cambios de estación). Recomiendo aplicarla dos veces al día y si es posible que lo lleven en la cartera y en el carro, cada vez que puedan lo re apliquen para ayudar a que la piel mantenga una buena hidratación.

Un dato otro secreto es que enseñó a mis pacientes a fijar su maquillaje con este producto logrando que dure por más tiempo e hidrate la piel. Es uno de los productos más vendidos a nuestros pacientes en el spa.

Además utilizó el NaPCA para tratamientos o Post-tratamientos de *peeling*, radiofrecuencia con agujas, plasma con dermapen (cuándo se va hacer una manera profunda) y de los láser; he comprobado a lo largo de los años, que al utilizarlo después de estos tratamientos hace que la piel se regenere mucho más rápido, alivia la molestia de estos tratamientos y la piel se vuelve mucho más bonita.

Mi segundo esencial que no puede faltar en las casas de mis pacientes es la mascarilla hidratante de 8 horas, es una mascarilla qué es totalmente transparente, que recomiendo aplicar una vez por semana, esto permite dar a la piel una buena hidratación. Recuerda que la hidratación es la que da una buena salud a la piel, está comprobado científicamente que mientras mejor hidratación tenga la piel mejor va a responder a los tratamientos.

Acostumbra a tu paciente a seguir esta rutina, utilizando estos productos en su día a día y verás cómo ambos se benefician: la piel del paciente, y tu plan de tratamiento.

Resumen de compensación como afiliado de

NU SKIN

Compensación

Hay dos formas fundamentales en las que un Brand Affiliate puede obtener una compensación:

- A través de márgenes minoristas sobre las reventas de productos comprados a precios mayoristas; y
- A través de la compensación de ventas (a veces denominadas bonificaciones) por las ventas de productos y las ventas del Brand Affiliate y otros miembros de su Equipo.

Al igual que con cualquier otra oportunidad de ventas, la compensación que ganan los Brand Affiliates varía significativamente y se basa en factores como objetivos, ambición, tiempo, compromiso y habilidades. No hay costo ni requisito de compra para convertirse en Brand Affiliate. Las personas se convierten en Brand Affiliates por varias razones. Muchas personas se convierten en Afiliados de Marca simplemente para disfrutar de los productos de la Compañía a precios para Miembros con descuento. Algunos se unen al negocio para mejorar sus habilidades o experimentar la gestión de su propio negocio. En Medilight Academy estamos para ayudarte a impulsar la distribución de Nuskin en tu negocio.

Venta minorista o retail

Los Brand Affiliates pueden comprar productos de la Compañía a Precios para Miembros y revender los productos a los clientes. La diferencia entre el precio al que venden el producto y el precio para miembros es su margen de beneficio minorista. Dado que los Afiliados de marca establecen sus propios precios en las reventas de productos, la Compañía no proporciona una estimación del ingreso promedio de las reventas de productos por parte de los Afiliados de marca ni lo incluye en este resumen de compensación de ventas.

Comisiones

Los Afiliados de marca también pueden obtener una compensación por las ventas de productos realizadas por el Afiliado de marca y otros miembros de su Equipo en todos los mercados en los que la Compañía hace negocios, con la excepción de China continental. No se paga compensación de ventas por las ventas de materiales promocionales.

En 2021, la Compañía pagó aproximadamente $206,755,000 en compensación por ventas a Brand Affiliates que residen en los Estados Unidos.

Bien sea que decides solo distribuir a tus pacientes o crear un equipo de ventas, te daremos la herramientas para que avances en tus objetivos.

Para ser parte de nuestro Team Medilight Academy Nuskin, regístrate totalmente gratis en este *link*:

"Evalúa tus pacientes, escúchalos, entiende sus expectativas, y recomienda lo más acertado"

Nathaly Gerbino

MEDILIGHT

CAPÍTULO VI

El modelo Medilight... el secreto mejor guardado

Si llegaste hasta el último capítulo, has paseado por todas las etapas y posibles cuellos de botella al emprender o acrecentar tu negocio de estética.

Si nos preguntas, aún sentimos susto cuando queremos ir al siguiente nivel, y supongo que siempre nos pasará. El miedo para nosotras es un indicador de:

- buscar más información;
- medir el riesgo;
- armar un plan;
- tener el equipo ideal.

Una vez que empiezas a responderte preguntas y a encontrar respuestas, el miedo baja y la creatividad se activa.

Hemos creado un método que nos ayuda a tener la guía para ir avanzando, es decir, no nos ponemos a escoger muebles sin antes tener definido y negociado el local. Es importante llevar orden y secuencia. Verás cómo alcanzas tu meta de manera fluida.

MÉTODO MEDILIGHT PARA ABRIR UN NUEVO *SPA*

FASE I

- Escribir la idea de tu *spa* con la mayor cantidad de detalles.
- Definir el presupuesto de inversión para el proyecto por renglón: local, remodelación, mobiliario, equipos, decoración, *marketing*, evento de apertura.
- Escoger la zona y empezar con la selección del local.
- Revisar los recaudos para los permisos de tu ciudad.
- Reunión con el constructor o *handyman* para definir tareas y costos.
- Dibujar el plano o *layout* de tu nuevo *spa* (incluye todas las áreas que necesitas).

FASE II

- Seleccionar la paleta de colores y el logo.
- Seleccionar el mobiliario.
- Seleccionar la decoración.
- Solicitar inspecciones de la ciudad para los permisos (si aplica en tu caso).

FASE III

- Revisión de la imagen final del logo y de las piezas promocionales.
- Activar cuentas de redes sociales.
- Escoger los protocolos de tratamientos.
- Evaluar la estructura de costos de los servicios.
- Definir el menú de servicios.

- Seleccionar insumos para tratamientos.
- Solicitar apertura de códigos de proveedores y laboratorios.

FASE IV

- Hacer proyecciones financieras.
- Activar el sistema de citas, cargar servicios y hacer pruebas.
- Hacer compras de mobiliario, equipos, insumos, decoración.

FASE V

- Selección de personal (si aplica).
- Entrenamiento de personal (si aplica).
- Pedir inspecciones del departamento de salud y regulaciones locales de Hipaa y OSHA en tu ciudad (*medspa*).
- Inicio de la promoción de la apertura.

FASE VI

- Planificación de la apertura.
- Campaña de lanzamiento.
- Tener aprobados permisos y las licencias.
- Acondicionamiento del local con muebles, equipos e insumos.

FASE VII

- Emplear campañas de ADS, FB e IG.
- Apertura (*soft opening*) a amigos y amistades (para ver cómo va todo).
- Evento de *opening* del *spa* al público en general.

Una vez que empiezas a abrir tus negocios con un método, el próximo será más sencillo no porque sea fácil, sino porque ya aprendiste cómo hacerlo. Ahí estás en la rueda de la industria, perteneces a esta categoría de la belleza, que es inmensa y que no para de crecer.

Llegó el momento de despedirnos, hemos disfrutado este libro al máximo, y deseamos que tú lo puedas aprovechar y darle el mayor uso posible.

Comparte tus historias con nosotras, nos encanta verte brillar y lograr tus sueños.

Nuestras redes sociales, @medilightacademy, son una plataforma para compartir tus logros y decirle al mundo lo bien que lo estás haciendo.

Un abrazo enorme y nos vemos en alguna clase o conferencia para hacernos una *selfie*.

Nathaly y Niurka

Sobre Medilight Academy

Somos una academia de belleza que ofrece cursos y clases especializadas con las técnicas de belleza que son tendencia. Contamos con prácticas en vivo u *online* que ayudan a tener la confianza para brindar los tratamientos a los pacientes. Nuestro lema es:

Estética con ética

Especializamos a esteticistas y personal médico en diferentes técnicas estéticas con protocolos exclusivos Medilight, que han sido probados en Medilight Med Spa. Además, ofrecemos materiales e insumos para los pacientes en cabina.

Te dejamos nuestra información para que navegues y conozcas más de nosotros.

Teléfono: +1(786)504-7700

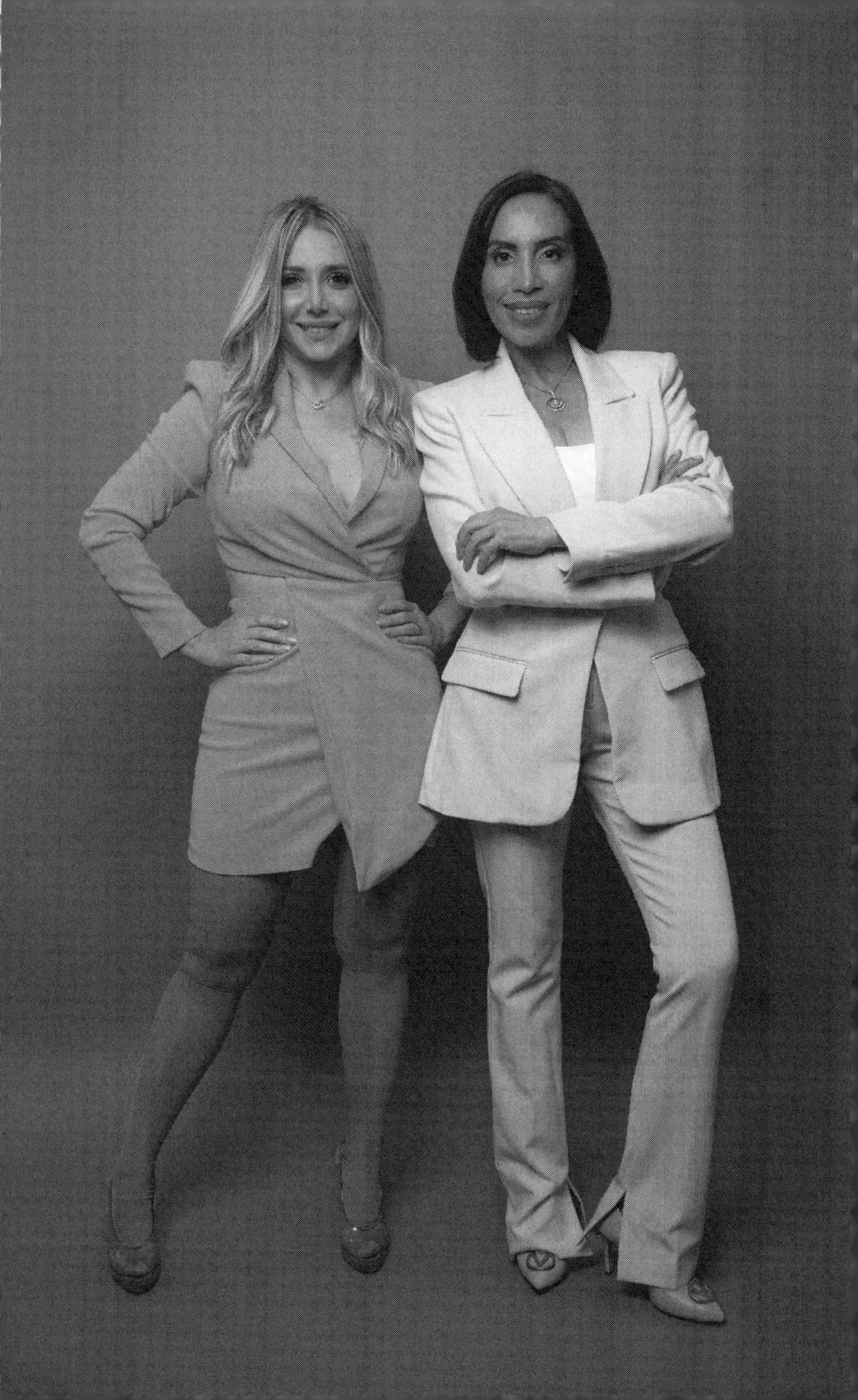

Sobre Nathaly Gerbino

Con más de 20 años de experiencia en el mundo de la estética y la belleza, es Fundadora de Medilight Center y Medilight Academy. Su pasión por la belleza trascendió las fronteras de su país natal Venezuela, donde fundó Medilight en el año 2005.

Audaz, perseverante y luchadora son solo algunas de las palabras que describen a Nathaly, que desde muy joven decidió emprender su propio negocio.

Sus estudios en medicina y en estética, y un perfeccionamiento de las técnicas más actuales en rejuvenecimiento facial, le han permitido crear protocolos Medilight, que han dado resultados visibles a los más de 5000 pacientes atendidos.

Residenciada actualmente en la ciudad de Miami, es la experta encargada de mantener el rostro de artistas y celebridades como Migbelis Castellanos, Jessica Cediel, Giselle Blodent, Clarisa Molina, Ana Jurka, Alicia Machado, entre otras.

Sobre Niurka Gómez:

Cofundadora de Medilight Center y Medilight Academy. Es profesional del *marketing* y las relaciones públicas desde el año 1998 y tiene una especialización en el área de *marketing* digital.

Su pasión la ha llevado a ser creadora y lanzadora de marcas y productos digitales, así como de estrategias integrales de *marketing*. Es amante de la industria de la belleza desde muy temprana edad, y el bótox es uno de sus servicios favoritos por excelencia.

Empresaria, visionaria, conferencista y una mujer de negocios que entiende claramente cómo desarrollar líneas de ingresos pasivos con los diferentes modelos de negocios.

APÉNDICES:

CURSOS MEDILIGHT ACADEMY:

Como parte de nuestra oferta académica, queremos presentarte las opciones que pueden contribuir a llevar tu práctica de cabina a un nivel cada vez más profesional y elevar, así, tus ingresos. Estas técnicas te darán confianza y seguridad al ver resultados en los pacientes. Te invitamos a evaluarlos, y estaremos felices de que desees ser parte de nuestra comunidad. En cada clase te daremos nuestro *know how* y mejores prácticas para simplificar tu camino.

Fibroblast Plasma Pen

El *fibroblast* plasma pen es mucho más que estiramiento de la piel y rejuvenecimiento. Con él, puedes realizar muchos tratamientos para aumentar tu *ticket* de facturación y tus ingresos en cabina.

Es un tratamiento no invasivo, con grandes resultados que retrasan el paso por el quirófano de nuestro paciente. Se trabaja únicamente en la epidermis.

El *fibroblast* plasma pen es un dispositivo que trabaja con el cuarto estado de la materia: plasma. Esto lleva a la estimulación del colágeno y la elastina, y hace el efecto de *lifting*. Es un sistema novedoso, seguro (siempre y cuando se trabaje con los parámetros adecuados) y efectivo para tratar de forma no quirúrgica el exceso de piel, arrugas, manchas y signos de envejecimiento de la piel.

Técnicas de rejuvenecimiento facial

Una de las consultas más comunes en la estética es la preocupación de nuestras pacientes cuando empiezan a ver los signos de envejecimiento: las arrugas, la flacidez, las manchas, los surcos nasogenianos y nasoyugales. Con este curso aprenderás nuevas técnicas de rejuvenecimiento estético para brindarle una solución a esta necesidad de los pacientes, y lo mejor, de forma NO INVASIVA.

Especialización en técnicas faciales

¿Arrugas, estrías o acné? Conoce todo sobre las técnicas faciales más demandadas en cabina en un curso intensivo de 5 días de aprendizaje para tu práctica en cabina. Son 18 protocolos faciales probados y aprobados por todos los pacientes en Medilight.

Radiofrecuencia facial

¿Tus pacientes quieren rejuvenecer y lograr un efecto *lifting* con tratamientos no invasivos?

¿Te gustaría contar en tu cabina con una tecnología capaz de lograr todo esto? Especialízate en radiofrecuencia facial.

La radiofrecuencia tensa la piel mediante un pequeño daño térmico controlado de sus capas más profundas, lo que disminuye las arrugas finas, las profundas, los pliegues y hace un efecto *lifting* facial.

Todo sobre el *peeling*

El *peeling* químico o exfoliación química es una técnica de tratamiento que se puede hacer en el rostro o en el cuerpo, y se utiliza para mejorar y suavizar la textura de la piel. Es más frecuente en la piel del rostro.

En una clase magistral, por vía *online* y en vivo, te diremos todo sobre esta técnica y cuáles son los protocolos y tratamientos que puedes usar junto con el *peeling*.

Especialización en HIFU

El tratamiento HIFU consiste en la aplicación de un haz de ultrasonido de alta frecuencia y alta energía en la piel para remodelar su tejido mediante la ablación térmica.

Es una técnica de gran rentabilidad y muchos beneficios para tus pacientes. Podrás aprender todo sobre ella en un curso digital.

Plasma rico en plaquetas para esteticistas

El plasma rico en plaquetas (PRP) es un tratamiento que consiste en extraer una pequeña muestra de sangre del paciente y centrifugarla, a fin de obtener plaquetas que contienen factores de crecimiento tisular. Para las esteticistas y expertas en belleza que quieran emplear esta técnica para uso tópico en tratamientos estéticos, este curso digital es ideal.

Microneedling (dermapen)

El *microneedling* es un procedimiento estético no invasivo, indoloro, que mejora la calidad de la piel a través del aumento de la producción de colágeno y elastina mediante un gran número de microcanales realizados con microagujas que alcanzan una profundidad previamente definida según cada caso. Este es un curso digital que te enseña a utilizar esta técnica para uso tópico en tratamientos estéticos.

Micro Infusión

Es un tratamiento cosmético para introducir principios activos en las capas más profundas de la piel de forma no invasiva y con un sistema de microagujas que son más delgadas que el cabello humano. Este es un curso digital que te enseña a emplear esta técnica para uso tópico en tratamientos estéticos: cómo reducir el tamaño de los poros, fotoenvejecimiento, hidratación facial, estrías, cómo combinarlo con otras técnicas y mucho más.

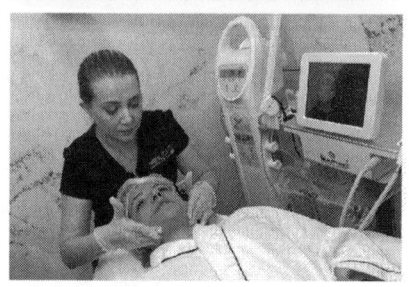

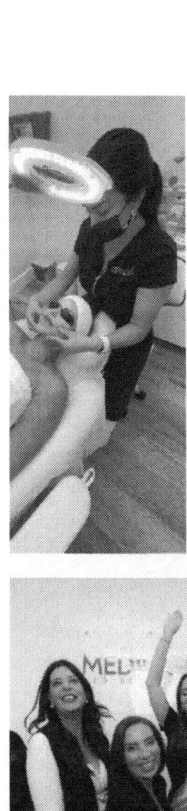

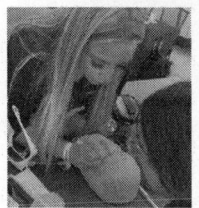

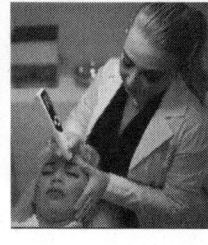

El negocio detrás de la belleza

Niurka Gómez & Nathaly Gerbino

Esta edición de *El negocio detrás de la belleza*, de las autoras Niurka Gómez y Nathaly Gerbino, fue realizada por Medilight en la ciudad de Miami en el mes de junio del año dos mil veintitrés.

Made in the USA
Columbia, SC
16 August 2023